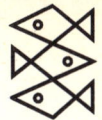

Früher allgemein verbindliche Trauerformen gibt es nicht mehr; das führt zu Unsicherheit und Hilflosigkeit bei Trauernden, zu Ratlosigkeit bei ihrer Umwelt. „Der letzte Abscheid" ermutigt zum „richtigen" Trauern und bietet Hilfestellung bei der Suche nach der angemessenen, individuellen Form.

Ralf Jerneizig und *Ulrich Schubert* sind Psychologen und seit 1987 in der Trauerberatungsstelle der Universität Essen tätig.

Ralf Jerneizig/Ulrich Schubert

Der letzte Abschied

Ratgeber für Trauernde

Fischer Taschenbuch Verlag

Veröffentlicht im Fischer Taschenbuch Verlag GmbH,
Frankfurt am Main, September 1994

Lizenzausgabe mit freundlicher Genehmigung der
Klartext VerlagsgmbH, Essen
© 1991 Klartext Verlag, Essen
Umschlaggestaltung: Buchholz/Hinsch/Hensinger
Druck und Bindung: Clausen & Bosse, Leck
Printed in Germany
ISBN 3-596-11599-X

Gedruckt auf chlor- und säurefreiem Papier

Inhalt

Vorwort 7

Für Trauernde

Unmittelbar nach dem Verlust 11

Die Zeit der Formalitäten 15

Die Bedeutung der Bestattung 21

Die Zeit der aufbrechenden Emotionen 26

Wenn die Trauer sich dem Abschluß zuneigt 35

Wenn die Trauer nicht enden will 40

Formen der Trauer 44

**Für Angehörige, Freunde, Helfer
und andere Personen**

Wie wirkt Trauer auf die Gesundheit? 63

Besondere Risiken für die Gesundheit 71

Wie kann Trauernden geholfen werden? 75

Trauer bei Kindern 87

Wenn ein Kind stirbt 92

Die Trauer älterer Menschen 101

Der Umgang mit dem Tod 104

Praktische Hinweise 107

Vorwort

Sie oder ein naher Angehöriger haben das wohl schwerste Lebensereignis überhaupt erlitten — den Tod eines geliebten Menschen.

Sie fühlen sich verwirrt und allein gelassen, voller Schmerz, den anscheinend niemand verstehen oder gar teilen kann. Der Begriff des „Mitleids" mag ihnen plötzlich fragwürdig erscheinen: Wie sollen andere mit ihnen leiden können, wo doch nur Sie und niemand anders den schlimmen Verlust erlitten haben. Vielleicht stehen Sie Ihren eigenen Gefühlen momentan mißtrauisch gegenüber und verstehen sich selbst nicht mehr. Viele Erlebnisse erscheinen Ihnen unwirklich und angsterregend. Wenn der Verlust eine gewisse Zeit zurückliegt, haben Sie vielleicht die schmerzliche Erfahrung machen müssen, daß sich andere Menschen von Ihnen zurückziehen, vielleicht sogar Ihre eigene Familie, Ihre eigenen Kinder. Vielleicht haben aber auch Sie sich von anderen zurückgezogen, da Sie sie als verständnislos oder nur wenig hilfreich empfinden.

Sie sehen sich mit einer Umwelt konfrontiert, die wenig Verständnis für Ihren augenblicklichen Zustand hat. Sie scheinen nicht mehr in die Funktionalität unserer modernen Gesellschaft zu passen. Leider läßt man Sie das nur allzu oft merken. Wenn Sie sich nicht anpassen und Ihren Schmerz und Ihre Trauer verbergen, erleben Sie häufig, daß Sie ausgegrenzt werden.

Gleichzeitig möchten Sie anderen auch nicht zur Last fallen, möchten sich nicht als fünftes Rad am Wagen fühlen. Selbst Angebote, trotzdem dabeizusein, helfen Ihnen über dieses Gefühl nicht weg. Sie fühlen sich häufig fehl am Platz und überflüssig, Ihr Leben scheint vorübergehend seinen Sinn verloren zu haben. Manchmal fühlen Sie sich, als säßen Sie in einem tiefen, schwarzen Loch, ohne zu wissen, wie Sie jemals wieder da heraus kommen können. Nichts bereitet Ihnen mehr Freude, Ihre Gedanken kreisen um die oder den Verstorbenen, Sie wissen nicht mehr wie es weitergehen soll.

Und scheinbar gibt es niemanden, der diesen Seelenzustand verstehen kann, der Ihnen helfen könnte in dieser wohl schwersten Zeit Ihres Lebens.

Und doch geht es mindestens 900.000 Menschen alljährlich in der Bundesrepublik genauso; jährlich sterben hier 900.000 Menschen und hinterlassen Ehefrauen, Ehemänner, Kinder und Eltern, Freunde und nahe Angehörige.

Gemessen an diesen Zahlen ist die Trauer ein alltägliches Schicksal und wird doch zugleich als eine Lebensphase empfunden, der viele Menschen sich weitgehend hilflos ausgeliefert fühlen, die beinahe das Ende des Lebens zu bedeuten scheint. Ein Schicksal, das jeder Mensch im Laufe seines Lebens — mitunter mehrfach — erleidet und das doch so einzigartig, so individuell und für jeden Trauernden ganz besonders tragisch ist.

Dieser Ratgeber ist für Sie, die Trauernden, geschrieben worden, um Ihnen in dieser bitteren Zeit zu helfen, sich besser zu verstehen, Hoffnung zu behalten, wo keine Hoffnung zu sein scheint, Adressen zu finden, wo Sie Hilfe suchen können. Der Ratgeber wurde aber auch geschrieben für die Angehörigen und Freunde Trauernder, die ebenfalls trauern, aber noch Kraft haben, denen zu helfen, die mit Ihrer Trauer nicht mehr zurechtkommen.

Daher haben wir versucht, ein persönliches Buch zu schreiben, das die Erfahrungen, die wir im mehrjährigen therapeutischen Umgang mit Trauernden gemacht haben, weitervermittelt und Ihnen in der Trauer ein Stück Halt und Hilfe bieten soll.

Wir wollen Ihnen nahebringen, was Trauer ist, wie sie verläuft, welche ganz „normalen" Erfahrungen Trauernder für viele Menschen erschreckend und „verrückt" wirken und doch notwendig und richtig sind aus den Augen der Hinterbliebenen. Und wir wollen Ihnen zeigen, so merkwürdig dies klingen mag, welche Chancen auch ein so schmerzliches Erlebnis wie die Trauer beinhalten kann.

Unmittelbar nach dem Verlust

Der Verlust eines lieben, nahestehenden Menschen ist ein sehr schmerzliches Erlebnis. Viele Wissenschaftler halten es sogar für das Lebensereignis, das für uns am schwersten zu bewältigen ist.

Sie haben einen solchen Verlust erlitten und wissen um den Schmerz und die tiefe Verzweiflung, die dieser Verlust in Ihnen ausgelöst hat. Ein plötzliches und vollständiges Erleben und Erfahren dieses Schmerzes aber würde Körper und Geist überfordern, würde zum Zusammenbruch führen. Daher verfügt die menschliche Natur über einen Schutzmechanismus, der bewirkt, daß der Verlust zunächst nur allmählich und in vielen kleinen Schritten erfahren und begriffen wird. Dieser Schutzmechanismus ist uns allen vom Erleben erschreckender oder traumatischer Ereignisse bekannt. Es ist der *Schock*.

Aus diesem Grunde wird die erste Zeit nach dem Verlust eines nahestehenden Menschen auch als die *Schockphase* bezeichnet. In dieser Schockphase wollen Sie meist den Verlust nicht wahrhaben, können Sie nicht verstehen, nicht begreifen, wie und warum das furchtbare Geschehen eintreten konnte, das Ihnen da zugestoßen ist. Vor allem, wenn Sie ihren Partner plötzlich und unerwartet verloren haben, etwa durch einen Herzinfarkt, einen Gehirnschlag, einen Verkehrsunfall, oder ein ähnlich unmittelbares, unvorhersehbares Ereignis, ist es sehr schwierig, das Ereignis und die Bedeutung des Verlustes zu akzeptieren. Zwar ahnen Sie, was dieser Verlust für ihr Leben und ihre persönliche Zukunft bedeuten könnte, aber diese erschreckende Tatsache wahrheitsgemäß bewußt werden zu lassen wäre mehr, als Sie zu diesem Zeitpunkt verkraften könnten. Ein Leben ohne den Verstorbenen, eine Zukunft, die zunächst einmal Einsamkeit, Schmerz und Leid bedeutet, muß langsam und schrittweise ins Bewußtsein gelangen.

Um dieses zu ermöglichen, helfen Ihnen Ihr Körper und Ihre Seele durch den Schock. Dieser dämpft Ihre Wahrnehmung, ermöglicht es Ihrer Psyche, abgeschwächt einzelne Anteile des Trauerschmerzes wahrzunehmen. Der Schock gibt Ihnen aber auch die Möglichkeit, abzuschalten, die Wahrnehmung der Geschehnisse zu vermindern. Zum einen schützt Sie dieser Mechanismus vor einer Überflutung durch schmerzliche und möglicherweise angsterregende Empfindungen, zum anderen gibt Ihnen der Schock die Möglichkeit, den erlittenen Verlust erst einmal ganz langsam anzunehmen.

Daß dieses nur ein erstes, vorläufiges Annähern an das Akzeptieren des Verlustes ist, wissen Sie aus eigener Erfahrung. Warum das so ist, werden wir im Verlauf dieses Buches noch ausgiebiger erläutern.

Eine der ersten Reaktionen neben dem Schock ist das Weinen, die meistverbreitete Form, den erlittenen Schmerz auszudrücken. Während der Schock Ihnen hilft, den Schmerz nicht in seinem ganzen unfaßbaren Ausmaß zuzulassen, dient das Weinen der Abfuhr der aufgestauten Erregung.

Wir alle kennen das Weinen als einen allgemein menschlichen Ausdruck von Schmerz und Enttäuschung. Kinder weinen, wenn sie sich weh getan haben, Erwachsene, wenn sie einen Verlust erlitten haben oder einen Schmerz, den sie nicht mehr kontrollieren können.

Das Weinen scheint eine Reaktion des menschlichen Organismus zu sein, die dem Abbau aufgestauter vegetativer Erregung dient. Bei starken seelischen Spannungen und erheblichem Schmerzempfinden, wie es bei Ihrer Trauer ja der Fall ist, kommen zum Weinen meist noch andere körperliche Reaktionen hinzu, die es Psyche und Körper erleichtern, mit dem Erlebnis fertig zu werden. Der Körper beginnt oftmals zu beben und zu zittern, die Zwerchfellmuskulatur verkrampft sich stoßartig, wir schluchzen und ringen nach Luft, der ganze Körper scheint sich zu schütteln und aufzulehnen. Durch diese Vorgänge wird sehr viel Energie verbraucht, die aufgestaute Erregung kann so vorübergehend beseitigt werden. Aus diesem Grunde führt ausgedehntes Weinen oftmals zu Gefühlen der Erschöpfung und Erschlaffung und geht manchmal sogar in einen erholsamen Schlaf über. Das Weinen ist somit eine sehr sinnvolle Reaktion des Körpers, um uns vor den unmittelbaren Folgen eines als übermächtig erlebten Schmerzes zu schützen. Dazu kommt noch, daß durch den Tränenfluß unser körpereigenes Immunsystem angeregt werden kann. Das Immunsystem aber schützt unseren Körper vor Erkrankungen oder, allgemeiner gesagt, vor schädlichen Einflüssen der Außenwelt (siehe Abschnitt: „Wie wirkt Trauer auf die Gesundheit").

Das Weinen ist somit eine sehr sinnvolle Reaktion des Körpers, um uns vor den unmittelbaren Folgen eines als übermächtig erlebten Schmerzes zu schützen.

Wie wir sehen, schützen uns natürliche und unmittelbare Reaktionen vor den schlimmsten Auswirkungen des erlebten Verlustes. Trotzdem ist das, was wir nach dem Verlust eines uns nahestehenden, lieben Menschen erleben müssen, immer noch schmerzlicher und erschreckender als vieles, was wir jemals zuvor erlebt haben. Hier helfen keine wohlmeinenden Ratschläge. Vor allem aber kann niemand uns das wiedergeben, was wir so verzweifelt vermissen und brauchen: unseren durch den Tod verlorenen Partner.

Wir möchten Sie darin bestärken, Ihren Verlust zu beklagen und zu beweinen. Wie wir beschrieben haben, dient dies dem Schutz Ihrer Gesundheit und ist der erste und wichtigste Schritt zu einer Bewältigung Ihrer Trauer. Versuchen Sie nicht, anderen zuliebe ein „starker" Trauernder bzw. eine „starke" Trauernde zu sein, die gefaßt wirken und den so heftigen eigenen Gefühlen keinen Ausdruck verleihen. Sie helfen sich selber damit überhaupt nicht. Die Erfahrung zeigt, daß gerade die Trauernden, die sich in der Anfangszeit der Trauer übermäßig stark kontrolliert verhalten und ihre unmittelbaren, spontanen Reaktionen auf den schmerzlichen Verlust unterdrücken, obwohl es ihren innersten Empfindungen zuwider läuft, sich häufig zu einem späteren Zeitpunkt großen Problemen bei der Verarbeitung des Verlustes gegenüber sehen. Das heißt aber andererseits nicht, daß Sie sich wehklagend verhalten müssen, wenn Ihnen nicht danach zumute ist. Als wichtigste Maßregel kann gelten: Trauern Sie in jedem einzelnen Augenblick so, wie Sie empfinden. Die Trauer dient Ihrer Bewältigung des schmerzlichen Verlustes. Sie ist nicht dazu da, es anderen leichter und angenehmer zu machen. Nehmen Sie sich selbst wichtig! Sie sind traurig, Sie haben den schlimmsten Verlust erlitten. Alle weitergehenden Rücksichten müssen demgegenüber zurücktreten.

Trauern Sie in jedem einzelnen Augenblick so, wie sie es empfinden.

Die Zeit
der Formalitäten

Die unterschiedlichen Manteltarifverträge, die den Sonderurlaub für Berufstätige in Ausnahmesituationen regeln, gestehen Trauernden, die den Ehepartner bzw. die Partnerin verloren haben, die eigentlich lächerlich kurze Zeit von einem oder zwei Tagen Sonderurlaub zu. Diese Zeit soll — jedenfalls im Sinne des Arbeitsrechts — ausreichen, um die formale Seite des Todesfalls abzuschließen. Jeder, der einmal einen nahestehenden Menschen verloren hat, weiß um die Unsinnigkeit dieser viel zu kurzen, zugestandenen Zeit. Dieser Sachverhalt konfrontiert uns aber zugleich mit der Tatsache, daß die Welt sich weiterdreht und daß das Leben um uns herum weitergeht, auch wenn wir dies im Augenblick nicht so empfinden. Für uns ist eine Welt gestorben, die Welt, die Realität, in der unser Partner eine so bedeutsame Rolle innehatte. Wir können uns ein Weiterleben ohne ihn noch gar nicht vorstellen. Wir sind ja noch nicht einmal in der Lage, überhaupt zu realisieren, was für einen enormen Verlust wir erlitten haben. Noch versuchen wir uns vor der vollen Wahrheit dieser unbarmherzigen Realität zu schützen. Doch wir werden in jeder Minute mit einer Welt konfrontiert, in der es den Verstorbenen schon fast nicht mehr zu geben scheint.

In hilflosen Worten des vermeintlichen Trostes versuchen andere, uns zu besänftigen, uns zu trösten, wo es keinen Trost gibt. Versuche der Ablenkung, wo alles nur um den einen Gedanken kreist, den verlorenen Partner wieder zurückzubekommen, erscheinen ebenfalls sinnlos und mitunter störend. Welch ein Paradox. Die leeren und meist durchaus gutgemeinten Floskeln der Anderen zeugen nur allzu deutlich von der Hilflosigkeit unserer Umwelt unserer Trauer gegenüber. „Nimm es nicht so schwer", sagt man uns und: „Es geht doch jedem einmal so." „Du warst doch immer so stark und gefaßt", heißt es. Besonders unangenehm sind oft Floskeln wie „Irgendwie wird es schon weitergehen" oder „Kopf hoch! Das Leben geht weiter!" Wie Hohn klingt es für viele Trauernde, derart hohle Phrasen wiederholt gesagt zu bekommen, wo oftmals menschliche Nähe viel wertvoller sein könnte als hilflose Worte. Und doch geht das Leben um uns herum wirklich weiter. Früher oder später werden auch wir das akzeptieren müssen.

Womit Sie zunächst jedoch konfrontiert werden, sind die *Formalitäten,* die jeder Todesfall mit sich bringt. An erster Stelle steht die Bestattung. Während Sie eigentlich nur in Ihrem Schmerz alleingelassen werden wollen oder sich in die Arme der Ihnen vertrauten Lieben flüchten wollen, sollen Sie nun zugleich Ihren verstorbenen Partner bzw. Partnerin ganz sachlich und geschäftsmäßig „unter die Erde bringen".

Unter Umständen sind Sie in der vergleichsweise glücklichen Lage, sich bereits einmal mit dem Gedanken auseinandergesetzt und Vorkehrungen für diesen Fall getroffen zu haben. Vielleicht hat sogar der Verstorbene selber für den Fall seines Todes Wünsche geäußert, oder Sie haben gemeinsam bereits formale Regelungen getroffen. Leider ist dies nur äußerst selten der Fall. Die meisten Trauernden stehen fassungslos vor der Aufgabe, funktionieren zu müssen. Sie funktionieren mechanisch, unbeteiligt und wie im Traum. Zum Glück helfen Verwandte oder Bekannte oder übernehmen diese undankbare Aufgabe. Doch Sie werden mit dem Ergebnis selten zufrieden sein, einfach weil Sie nicht genügend Kraft und Zeit zum Überlegen und Bedenken haben. Eine Zufallsentscheidung, aus der Not heraus geboren, den Verstorbenen innerhalb einer gewissen Zeitspanne beerdigen zu müssen, diktiert möglicherweise Ihre

Handlungen. Wenn Sie sehr viel Glück haben, sind Sie an einen verantwortungsvollen Bestatter geraten, der sie berät und Ihnen ein wenig Zeit zu solchen Entscheidungen gibt, die Sie auch später noch tragen können.

Doch in der raschen Abfolge der traumatischen Ereignisse, der Eile, zu der Sie getrieben werden oder sich auch nur getrieben fühlen, die Bestattung durchzuführen, schließlich in dem Gefühl tiefer Hilflosigkeit und Überdrüssigkeit gegenüber diesen profanen Dingen, treffen Sie nur zu leicht Entscheidungen, die Ihnen vielleicht später übereilt und falsch erscheinen. Das Gefühl, so schnell wie möglich alle Formalitäten hinter sich bringen zu wollen, treibt Sie an. Nicht selten müssen Trauernde anschließend mit Entscheidungen leben, die sie so eigentlich gar nicht gewollt haben.

Seien Sie sich der Bedeutung des letzten Abschiedes bewußt.

Was können Sie anders machen? Sie können wiederum unbequem sein! Lassen Sie sich nicht antreiben von Familienangehörigen oder von Bestattern.

Die Beerdigung ist die letzte Handlung, die Sie für Ihren verstorbenen Partner vornehmen können. Sie müssen zu den Entscheidungen, die Sie jetzt treffen, während Ihres gesamten weiteren Lebens stehen können. Seien Sie sich der Bedeutung des letzten Abschiedes bewußt. In früheren Zeiten war der Abschied wesentlich langsamer als heute, wo Sie sich innerhalb kürzester Zeit von dem Verstorbenen trennen müssen. Um so mehr Bedeutung kommt diesem Augenblick zu. Lassen Sie sich Zeit und überdenken Sie Ihre Entscheidungen in Ruhe. Lassen Sie sich von Ihren Lieben helfen und unterstützen, aber lassen Sie sich nicht antreiben oder gegen Ihren Willen beeinflussen. Das ist leichter gesagt als getan, denn eigent-

Lassen Sie sich Zeit und überdenken Sie ihre Entscheidungen in Ruhe. Lassen Sie sich von Ihren Lieben helfen und unterstützen, aber lassen Sie sich nicht antreiben oder gegen Ihren Willen beeinflussen.

lich haben Sie ja ganz andere Dinge im Kopf, die momentan für Sie wichtiger sind. Geben Sie sich aber trotzdem die Chance eines Abschiedes, mit dem Sie auch zukünftig werden leben können.

Viele Trauernde wissen auch nicht, daß sie in den meisten Bundesländern (die Vorschriften über Bestattungen sind Landesrecht und zwischen einzelnen Bundesländern verschieden) den Verstorbenen noch zu Hause aufbahren können, um in Ruhe und in der häuslichen Umgebung Abschied von ihm zu nehmen. Weniger bemühte Bestatter weisen auf diesen Sachverhalt nicht unbedingt hin, weil das für sie mehr Arbeit bedeuten kann. Doch wie wir aus dem Umgang mit der Trauer in früheren Zeiten wissen, ist dieser letzte Abschied von ungeheurer Bedeutung und erst in letzter Zeit unüblich geworden.

Die Bestattung selbst erleben wir sehr unterschiedlich. Manche Trauernde erleben die Bestattung sehr deutlich mit und können sich über aufrichtiges Beileid freuen. Die ehrliche Anteilnahme anderer Menschen hilft ihnen in diesen schweren Stunden. Aber wie alle Trauernden haben sie ein sehr genaues Gespür dafür, was aufrichtig gemeint ist, und was nur so dahergesagt wurde. Und nichts ist schlimmer für uns als unehrliche Beileidsbekundungen.

Andere Trauernde erleben die Bestattung eher wie im Traum. Sie bekommen kaum etwas von der Beerdigung mit. Die Beileidsbekundungen am Grab lassen sie über sich ergehen, ohne sie richtig wahrzunehmen. Meist gelten diese Trauernde als gefaßt, weil sie eher unauffällig sind und den heute oft zeitlich genau eingegrenzten Rahmen der Bestattung nicht stören.

Weinende, klagende oder gar kritische Trauernde sind nicht gern gesehen. Und doch haben Sie gerade in der Trauer ein Recht darauf, sie so zu durchleben, wie Sie es für richtig halten, denn es ist Ihr Abschied von einem geliebten Menschen, mit dem Sie oftmals die meiste Zeit Ihres Lebens geteilt haben.

Nach der Beerdigung wird Ihnen meist von Verwandten und Bekannten geholfen. Man kümmert sich um Sie, hat Nachsicht mit Ihnen, hilft Ihnen, soweit es geht, bei den alltäglichen, unvermeidlichen Anforderungen. Diese „Schonzeit", die in früheren Zeiten durch festgelegte Rituale und Übereinkünfte festgelegt war und allen Beteiligten Hilfestellung für ihr Verhalten gab, wird in unserer modernen Gesellschaft immer kürzer und unverbindlicher. Sie haben vielleicht erlebt, daß man sich um Sie für eine relativ kurze Zeit sehr nachsichtig gekümmert hat, aber auch, daß diese Zeit für Sie viel zu kurz bemessen war. Vielleicht hatten Sie auch selbst das Bedürfnis, für sich zu sein und haben die Sie Umsorgenden gebeten, Sie alleine zu lassen. Meist jedoch haben Sie Bedürfnis nach menschlichem Kontakt, nach Hilfe und Unterstützung, wenn dies auch oft wechselhaft sein mag. Es ist nicht ungewöhnlich, daß Phasen starken Bedürfnisses nach Nähe mit Phasen des Alleinseinwollens abwechseln. Diese Gefühlsschwankungen sind völlig normal und sollten Sie nicht beunruhigen. Sie befinden sich in einer

Sie befinden sich in einer außergewöhnlichen Lebenssituation und haben ein Recht auf außergewöhnliche Verhaltensweisen. Sie haben einen äußerst schmerlichen Verlust erlitten und es ist Ihr gutes Recht, den anderen mehr zuzumuten, als Sie sich selbst zumuten.

außergewöhnlichen Lebenssituation und haben ein Recht auf außergewöhnliche Verhaltensweisen. Sie haben einen äußerst schmerzlichen Verlust erlitten, und es ist Ihr gutes Recht, den anderen mehr zuzumuten, als Sie sich selbst zumuten. Leider kontrollieren wir uns meistens in unserer Trauer zu sehr, versuchen „gute" Trauernde zu sein und anderen nicht zur Last zu fallen. Wenn wir in dieser Weise Stärke simulieren, müssen wir uns nicht wundern, wenn andere uns für stark halten, und in kritischen Situationen davon ausgehen, daß wir eigentlich keine Hilfe brauchen.

Oder sie fühlen sich irritiert und belästigt von den oftmals unvermittelt ausbrechenden Gefühlsschwankungen in der Trauer. Ein bißchen mehr Ehrlichkeit von Anfang an könnte hier Wunder wirken.

Die Bedeutung der Bestattung

In den meisten Fällen helfen Ihnen Verwandte oder Freunde bei der notwendigen Regelung aller mit dem Tod und vor allem der Bestattung verbundenen Formalitäten. Sie sollten diese Hilfe ruhig in Anspruch nehmen, wenn Sie wissen, daß Sie sich auf die Helfenden verlassen können. Dies gibt Ihnen Raum und Kraft, sich um die für Sie dringendere Bewältigung des ersten Trauerschmerzes zu kümmern. Sie sollten dabei aber auch berücksichtigen, daß die verschiedenen Zeremonien im Zusammenhang mit der Bestattung auch heute noch mehrere psychologisch wichtige Funktionen haben:

Die Planung und Durchführung der Bestattungs-Zeremonien stellt für die Angehörigen selbst eine wichtige Fortsetzung ihrer Beziehung zu den Verstorbenen dar. Sie ist die letzte Handlung für und mit den Verstorbenen, was auch in der umgangssprachlichen Bezeichnung der Bestattung als „letzter Dienst" deutlich wird. Aus diesem Grunde bekommt die Bestattung auch für die Hinterbliebenen eine solch herausragende Bedeutung. Hier liegt auch die Ursache des Wunsches vieler Angehöriger nach einer besonders „schönen" Bestattungs-Zeremonie, denn mit dem letzten Abschied, mit der letzten Tat für die Verstorbenen müssen sich die Angehörigen nun mit der Endgültigkeit ihres Verlustes auseinandersetzen.

In manchen Fällen kann eine solche Bestattung auch als eine Art „Wiedergutmachung" für scheinbare Versäumnisse gegenüber den Verstorbenen dienen.

Daher sollte man bei der Planung der Beerdigungs-Zeremonie eingedenk ihrer Bedeutung alle mögliche Sorgfalt walten lassen und wenn irgend möglich als nächster Angehöriger des verstorbenen Partners bzw. der verstorbenen Partnerin Einfluß nehmen auf deren Ausgestaltung. Sie sollten sich nicht zu etwas überreden lassen, was letztendlich nicht wirklich in Ihrem Interesse liegt. Sie sollten eine ausgewogene Entscheidung treffen, die sowohl vom finanziellen Rahmen her als auch im Hinblick auf Ihre Wünsche und die der Verstorbenen allem gerecht werden kann.

Wirklich bedeutsam ist, daß Sie die Form des Abschieds wählen, die Ihnen auch wirklich entspricht und am Herzen liegt.

Für die Verwandten und Freunde eines Menschen, der soeben erst den einen nahen Angehörigen verloren hat, bieten die Bestattungs-Zeremonien eine Gelegenheit, in einem vorgegebenen Rahmen ihre Zuneigung und Unterstützung zum Ausdruck zu bringen. Sie ist für Freunde und Angehörige auch die letzte Möglichkeit, die Verbundenheit mit dem Verstorbenen zu zeigen. Beide Aspekte sind für die nächsten, am stärksten betroffenen Angehörigen von größter Wichtigkeit. Auch hier gibt es keine Patentratschläge. Manchen Hinterbliebenen ist es wichtig, gemeinsam mit möglichst vielen Menschen Abschied zu nehmen, andere bevorzugen den Abschied im engsten Familienkreis. Wirklich bedeutsam ist, daß Sie die Form des Abschieds wählen, die Ihnen auch wirklich entspricht und am Herzen liegt. Äußere Gründe sollten bei dieser Entscheidung keine Rolle spielen, denn worum es in erster Linie geht, ist ja der letzte Abschied von einem geliebten Menschen.

Darüber hinaus bieten die mit der Bestattung verbundenen Treffen die Möglichkeit, vielleicht notwendige Hilfsmaßnahmen für hinterbliebene Witwen oder Witwer zu organisieren. Dazu sollten diese Treffen auch verwendet werden. Hier sei den Verwandten und Freunden der nötige Mut ans Herz gelegt, auch wirklich ihre gutgemeinte Hilfe anzubieten. Dies gilt allerdings nur dann, wenn die Hilfsangebote ernst gemeint sind. Niemand sollte leichtfertig Unterstützung anbieten, die er dann nicht leisten kann. Nichts ist schlimmer für Trauernde, als bei versprochenen Hilfsangeboten enttäuscht zu werden. Bereits hier beginnt der Teufelskreis der enttäuschten Erwartungen, der oftmals in der Isolation der Trauernden endet. Ernstgemeinte und später verwirklichte Hilfsangebote sind dagegen für Trauernde ein mitunter lebensnotwendiger Rettungsanker.

Der Umgang mit den Toten

Die Zeit eines alltäglichen, „normalen" Umgangs mit Toten ist in den meisten Gegenden Deutschlands schon lange Vergangenheit. Nur noch in wenigen ländlichen Gebieten blieben die alten Aufbahrungs- und Bestattungsbräuche länger erhalten. Dort war zum Teil bis in die 60er Jahre hinein der Tod eines Nachbarn ein vertrauter Vorgang, in dessen Verlauf alle Dorfbewohner wußten, was zu tun war. Zunächst starben die Menschen — sofern es sich nicht um einen Unfalltod o.ä. handelte — in der Regel zuhause. Nach dem Tod kamen Nachbarn und Verwandte zusammen, um den Verstorbenen zu waschen und dem Leichnam den besten Anzug bzw. das beste Kleid anzuziehen. Die Toten wurden zuhause in ihrem Bett einige Zeit lang aufgebahrt. Die engeren Freunde, Nachbarn und Verwandten hielten die Totenwache, sehr häufig wurden alle Kinder des Dorfes zu den Toten geholt, um sie ein letztes Mal zu sehen, Abschied zu nehmen. Von Kindheit an wurden die Menschen so an den Tod und den Umgang mit den Verstorbenen gewöhnt. Der Tod war deshalb nicht weniger schrecklich und für die Hinterbliebenen nicht weniger schwer, aber er war in gewisser Hinsicht auch vertraut und hatte nicht den Schrecken des Unbekannten und Verdrängten. Der Abschied von den aufgebahrten Verstorbenen war immer auch ein letzter Dienst an ihnen, der umgangssprachliche Ausdruck, jemandem „die letzte Ehre zu erweisen", drückt dies noch aus.

Diese Selbstverständlichkeit, das sichere Wissen um das richtige Verhalten im Falle eines Todes, sind heute fast überall verschwunden. Wenn aber der Rückhalt bestehender Traditionen und allgemein anerkannter Regeln nicht mehr existiert, bleibt nur der Blick auf die jeweils einzelnen, persönlichen Bedürfnisse und Fähigkeiten. Viele Trauernde sind unsicher, wie sie mit dem toten Körper eines geliebten Verstorbenen umgehen sollen, haben aber auch oft überhaupt keine Gelegenheit, darüber zu entscheiden. Sterben die Partner im Krankenhaus, so gilt dies eher als ein Betriebsunfall, denn als der Abschied von einem geliebten Menschen, und die Toten werden in der Regel rasch von einem Bestattungsunternehmen abgeholt. Aber auch in der eigenen Wohnung Verstorbene werden oft möglichst schnell aus dem Haus geholt. Gerade ein solcher Vorgang erscheint später vielen Trauernden als besonders schmerzhaft und einschneidend, hat man doch keine Zeit gehabt, wirklich Abschied von den Verstorbenen zu nehmen.

Die Frage, wie mit dem Leichnam eines geliebten Menschen umzugehen ist, kann nur aus der momentanen Befindlichkeit der Trauernden heraus entschieden werden. Niemand sollte gegen seinen erklärten Willen zu irgend etwas überredet oder gedrängt werden. Unsere Erfahrungen bei der Arbeit in der Essener Trauerberatungsstelle zeigen aber, daß die meisten Hinterbliebenen eine letzte Begegnung mit den verstorbenen Liebsten später als positiv und wichtig erinnern.

Im Gegensatz dazu empfinden viele Trauernde, die ihren verstorbenen Partner nicht mehr tot gesehen haben, dies später als großen Mangel. Ihnen fällt die Bewältigung ihrer Trauer nicht selten schwerer, weil sie häufig Schwierigkeiten haben, an den Tod ihres Partners wirklich zu glauben. Ihre letzten Erinnerungen an den verstorbenen Partner sind ja Erinnerungen an einen lebenden Menschen — nicht

24

an einen Toten. Aus diesem Grunde ist auch die bewußte Entscheidung mancher Trauernder, ihren verstorbenen Partner nach dessen Tod nicht mehr aufgebahrt sehen zu wollen, um ihn so im Gedächtnis zu behalten, „wie er als Lebender war", nicht unbedingt zu empfehlen. Auch hier gibt es keine Patentrezepte, doch sollte jeder Trauernde sich bewußt darüber sein, was eine solche Entscheidung für ihn und seinen Trauerprozeß bedeuten kann. Eine solche Entscheidung sollte nur im Einklang mit den wirklichen inneren Bedürfnissen getroffen werden, will man sich später nicht vorwerfen, man hätte etwas Bedeutsames versäumt.

Für viele Trauernde ist der Anblick der Verstorbenen im weiteren Verlauf ihrer Trauer eine wichtige Hilfe bei der Aufgabe, die Realität des Todes zu begreifen.

Besonders jüngere Hinterbliebene, die bis zum Tod ihres Partners nur wenige Erfahrungen mit dem Tod hatten, scheuen oft vor einer letzten Begegnung mit dem oder der Toten zurück. Dahinter ist häufig eine diffuse Angst vor dem Tod an sich oder auch dem eigenen Tod verborgen. Der Tod wird von unserer Kindheit an so gründlich aus unserem Alltag verdrängt, daß der Umgang mit Verstorbenen den Meisten fast nicht mehr vorstellbar ist; die wenigsten Menschen haben überhaupt schon einmal darüber nachgedacht. Die Erfahrungen all derer, die beruflich mit Trauernden arbeiten oder Trauernde psychologisch betreuen, zeigen aber, daß für viele Trauernde der Anblick der Verstorbenen im weiteren Verlauf ihrer Trauer eine wichtige Hilfe bei der Aufgabe ist, die Realität des Todes zu begreifen. Den geliebten Verstorbenen nicht mehr als Toten gesehen zu haben, ihn nicht mehr berührt zu haben, wird von sehr vielen Trauernden später als großes Versäumnis beklagt. Andere Trauernde berichten, nur einen toten Körper gesehen zu haben, der lediglich entfernt und äußerlich Ähnlichkeit mit ihrem verstorbenen Partner hatte und zugleich den Eindruck größter Ruhe vermittelte.

Die Zeit der aufbrechenden Emotionen

Etwa zwei Wochen nach dem Tode beginnt die Zeit der eigentlichen Trauer, eine Zeit, in der Ihr Verlust Ihnen vielleicht zum ersten Mal in seinem ganzen Ausmaß bewußt wird. Diese Zeit der Gefühlsaufwallungen, des Auflehnens gegen den erlittenen Verlust, der erschreckenden und verwirrenden Wahrnehmungen und Gefühlsschwankungen dauert in der Regel mindestens ein ganzes Jahr — das Trauerjahr. So erschreckend lang diese Zeit auch ist, so besteht doch ein gewisser Trost in dem Wissen, daß die so schrecklich erlebte Trauer auch ein Ende hat. Ein Jahr scheint im allgemeinen die durchschnittliche Zeit bis zu einem vorläufigen Ende der Trauer zu sein. Ein Jahr, in dem Sie alles bis dahin gemeinsam erlebte erstmalig ohne den verstorbenen Partner erleben, in dem Sie lernen, viele Dinge alleine zu bewerkstelligen und zu regeln. Sie werden — vielleicht zum ersten Mal nach langer Zeit — alle Gedenktage (Geburtstage, Weihnachten, usw.) alleine bzw. ohne den vertrauten Partner oder die Partnerin verbringen. Sie können bemerken, daß es auch ohne den anderen geht, weil es ohne ihn gehen muß.

Während die Anderen scheinbar unbeeindruckt in ihren Alltag zurückkehren, müssen Sie — möglicherweise zum ersten Mal — feststellen, wie allein und verlassen Sie sich fühlen.

Angehörige oder Freunde, die Ihnen in den ersten Tagen und bei den Bestattungsformalitäten zur Seite standen, haben Ihr Haus oder Ihre Wohnung wieder verlassen. Während die Anderen scheinbar unbeeindruckt in ihren Alltag zurückkehren, müssen Sie — möglicherweise zum ersten

Mal — feststellen, wie allein und verlassen Sie sich fühlen. Die Zeit der Schonung und Fürsorge geht ihrem Ende zu. Sie müssen mit Erschrecken feststellen, daß die Welt sich weiterdreht und daß alles, ganz so als sei nichts geschehen, seinen Lauf nimmt, während für Sie alles zusammengebrochen ist, woran Sie geglaubt haben. Ihr Leben hat seinen Sinn verloren. Die „Normalität" der Welt, das „Weitergehen" des Lebens irritiert Sie, erscheint Ihnen irgendwie unwirklich. Es kann doch nicht sein, daß alle anderen sich so benehmen, als sei nichts geschehen, obwohl Ihnen der Mittelpunkt Ihres Daseins abhanden gekommen ist? Es beginnt auch die Zeit, in der andere Menschen, Freunde, Verwandte, Nachbarn, vielleicht sogar Ihre Kinder beginnen, sich von Ihnen zurückzuziehen. Es ist, als liefe die Zeit für Sie in einem anderem Rhythmus.

Trauen Sie es den Menschen, die um Sie herum sind, ruhig zu, Ihnen auch zu sagen, wann es zuviel ist.

Viel zu schnell regiert um Sie herum wieder die Normalität; für die Anderen hat sich das Leben nicht verändert, Sie hingegen müssen sich an eine Umwelt gewöhnen, die sich von Grund auf gewandelt hat: eine Welt ohne den Partner, eine Welt des Alleinseins. Es ist nur zu verständlich, daß Sie Zeit brauchen, Hilfe und Orientierung suchen. Vielleicht müssen Sie erfahren, daß scheinbar niemand da ist, der Sie versteht und in der Weise unterstützt, wie Sie es nötig haben und wünschen. Leider trauen Sie sich oft auch nicht, die Unterstützung einzufordern, auf die Sie in Ihrer schweren Situation ein Anrecht haben.

Viele — zu viele — Trauernde glauben, anderen in jedem Fall zur Last zu fallen, wenn sie sich das Recht zu trauern gestatten und die Trauer nicht verbergen. Das muß aber nicht so sein. Trauen Sie es den Menschen, die um Sie herum sind, ruhig zu, Ihnen auch zu sagen, wann es zuviel ist. Die eigene Fürsorglichkeit für andere ist der erste Schritt zu einem unehrlichen Umgang mit der Trauer. Wenn Sie starken Schmerz über Ihren Verlust empfinden, warum sollten es andere Menschen nicht mitbekommen? Wenn Sie traurig sind, warum sollten Sie es vor anderen verbergen? Nur wenn Sie selbst offen mit Ihrer Trauer umgehen, können die Menschen in Ihrem Umfeld auch offen damit umgehen. Nur wenn Sie Ihre Grenzen aufzeigen, ermutigen Sie die anderen, dies ebenfalls zu wagen.

Nur wenn Sie selbst offen mit Ihrer Trauer umgehen, können die Menschen in Ihrem Umfeld auch offen damit umgehen.

Auch wenn wir uns wiederholen: Der wichtigste Ratschlag bei jeder Trauer ist absolute Ehrlichkeit. Andernfalls können Sie schnell in einen paradoxen Kreislauf geraten. Da die Menschen um Sie herum sich alle „normal" verhalten, als wäre nichts geschehen, geraten Sie in die Gefahr, das „Verrückt-Sein", die Abweichungen in ihrem normalen Lebensrhythmus, für unnormal halten und sich wahrhaftig als „verrückt" zu erleben. Aus Angst, jemand könnte dies entdecken, versuchen Sie, sich sich so „normal" wie möglich zu verhalten und beginnen, Ihre Trauer zu verstecken, um die scheinbar letzten Möglichkeiten des Kontaktes und der Hilfe zu bewahren. Niemand soll merken, wie es Ihnen ums Herz ist.

Sie, die eigentlich trauern müßten und wollen, beginnen oftmals, auf die kleinsten Anzeichen bei anderen zu achten, es ihnen leicht zu machen, um sie nicht abzuschrecken. Sie wollen nicht das „fünfte Rad am Wagen" sein, den anderen nicht auf die Nerven fallen. Und doch können Sie scheinbar nicht rücksichtsvoll genug sein (wo eigentlich Sie die Rücksicht aller anderen brauchten). Die Menschen aus Ihrer Umgebung ziehen sich trotz allem zurück. Rücksichtnahme bestimmt auf allen Seiten die Kommunikation. Jeder versucht, „drumherum" zu reden und alle sind eigentlich unzufrieden ob der verlogenen Unterhaltung. Die Folge kann sein, daß Sie den Kontakt vermeiden. Sie ziehen sich immer mehr in Ihre Trauer zurück, Ihre Umgebung schreibt

Sie im schlimmsten Fall ab. Dies ist eine Entwicklung, die für alle unangenehm, aber scheinbar unumkehrbar ist. Ein Teufelskreis beginnt, der schließlich in der Isolation enden kann, und dies auch oftmals tut.

Zeitgleich mit diesem Rückzug aus einer verständnislosen und unbefriedigenden Umwelt erleben Sie auch noch unverständliche Dinge, die Ihre Angst, „verrückt", nicht mehr normal zu sein, verstärken. Sie beginnen, den Verstorbenen in Menschenmengen, in der Öffentlichkeit auszumachen. Sie hören seinen Schlüsselbund am Garagentor im Hof und beginnen, immer wieder in den Hof hinunter zu spähen, wo Sie ihn jeden Moment aus dem Garagentor schreiten sehen werden. Sie hören seine Schritte auf der Treppe und erwarten, daß der Wohnungstürschlüssel sich im Türschloß dreht. Sie ertappen sich dabei, wie Sie mit ihm reden möchten, und dies manchmal auch unwillkürlich machen. Sie haben vielleicht insgeheim sogar bestimmte Plätze reserviert, an denen Sie in Ruhe mit Ihrem verstorbenen Partner reden können, ohne in Gefahr zu geraten, daß andere Sie für verrückt halten: das Bett, das Grab, Fotos auf dem Schrank. Wir alle haben solche Orte der Begegnung mit dem, was wir mit nahestehenden Verstorbenen verbinden. Dieses ist ganz und gar nicht verrückt, sondern drückt ein angemessenes und wertvolles Bedürfnis aus, das unsere Verbundenheit mit und unsere Sehnsucht nach den Verstorbenen ausdrückt. Sie haben vielleicht sogar das Bedürfnis, den Tisch für den verlorenen Partner mitzudecken, sein Bett für ihn mitzubeziehen, seine Sachen „wie immer" für ihn hinzulegen. Und dies alles, obwohl Sie wissen, daß er tot ist. Gerade dieses Nebeneinander von Wissen um den Tod und Nicht-Wahrhaben-Wollen wirkt so erschreckend auf Sie. Manchmal existiert dieses Nebeneinander gleichzeitig, manchmal wechseln Phasen des Wissens und des Nicht-Wahrhaben-Wollens einander ab. Wenn nicht einmal Sie selbst das verstehen und akzeptieren können, wie sollte es Ihre Umwelt? Und doch ist das völlig normal und überhaupt nicht „verrückt", wie Sie vielleicht befürchten.

Anders ausgedrückt: Trauer ist ein ganz „normaler" psychischer Ausnahmezustand, der nichts mit „Verrückt-Sein" im Sinne von Geistesgestörtheit zu tun hat, auch wenn die Angst davor verständlich ist. Die vorübergehende „Verrücktheit" resultiert daher, daß so viele Einzelheiten des alltäglichen Lebens verrückt, d.h. verschoben sind.

Trauer ist ein ganz „normaler" psychischer Ausnahmezustand, der nichts mit „Verrückt-Sein" im Sinne von Geistesgestörtheit zu tun hat.

Möglicherweise beginnen Sie mit der Zeit, auch körperlich unter der Trennung durch den Tod zu leiden. Ihr Appetit schwindet, denn es macht wenig Spaß, für sich alleine zu kochen, wo vorher Zweisamkeit herrschte. Das Essen schmeckt oft nicht mehr, denn wozu soll man sich selbst durch Nahrungsaufnahme am Leben halten, wenn das Liebste nicht mehr ist. Sie können nur noch schlecht schlafen und versuchen dies häufig, mit Schlaf- und Beruhigungsmitteln und/oder Alkohol zu ändern. Sie leiden wahrscheinlich meist an Einschlaf- oder Durchschlafstörungen und träumen häufig und intensiv von Ihrem verstorbenen Partner. In den lebhaften Träumen erscheint Ihnen der Verstorbene sehr lebendig und erschwert das gefühlsmäßige Erfassen seines endgültigen Todes. Wenn er so real in Ihren gefühlsbeladenen Träumen existiert, kann er dann wirklich tot sein? So führen lebhafte Träume in halb durchwachten Nächten auch zu einer Verschlimmerung Ihrer Gefühlsverwirrung und erschweren scheinbar noch die psychologische Verarbeitung des Verlustes.

Ihr Arzt steht Ihrem Problem vielleicht verständnisvoll, doch oftmals auch hilflos gegenüber. Seine Praxis läßt ihm meist nicht genug Zeit für lange Gespräche, nur zu bereitwillig — um wenigstens etwas helfen zu können — verschreibt er Ihnen Medikamente zur Beruhigung, die höchstwahrscheinlich doch nicht helfen, Ihr Problem aber bestimmt nicht lösen, denn das einzige, was Sie wollen, ist den verlorenen Partner zurückzubekommen. Und genau das kann Ihnen niemand bieten.

Nehmen Sie alle Hilfsmöglichkeiten in Anspruch, die Ihnen zur Verfügung stehen!

Es liegt — bei allem Schmerz und aller Verzweiflung — allein bei Ihnen, die Entscheidung zum Weiterleben zu treffen und die Trauer zu bewältigen. Trauer ist keine Krankheit, die wie Zahnschmerzen von alleine verschwindet oder durch einen kurzen Arztbesuch „geheilt" werden kann. Trauer ist ein aktives Geschehen — in Taten, aber auch in Gedanken. Sigmund Freud fand dafür den Begriff „Trauerarbeit". Durch diesen Begriff wird unterstrichen, daß die Trauer eine Auseinandersetzung mit der ganzen gemeinsamen Vergangenheit von Trauernden und Verstorbenen ist. Jede winzige Erinnerung an gemeinsame Erlebnisse — gute und schlechte — ist ein Teil dieser Trauerarbeit, ein kleiner Mosaikstein der inneren Verarbeitung des Verlustes. Diese Aufgabe mag Ihnen unendlich schwer erscheinen. Sie können allerdings versuchen, sie sich ein wenig zu erleichtern. Nehmen Sie alle Hilfsmöglichkeiten in Anspruch, die Ihnen zur Verfügung stehen!

Sagen Sie den anderen, was Sie brauchen und wollen und was Sie nicht brauchen. Nehmen Sie sich ernst und verlangen Sie Schonung, wo Sie Schonung brauchen und Belastung, wo Sie sich belastbar fühlen.

Jeder, der Ihnen — falls dies nötig erscheint — helfen will und Ihnen seine Hilfe anbietet, ist auf Ihre Bereitschaft angewiesen, diese Hilfe auch anzunehmen. Sie haben es in der Hand, nicht in die Isolation zu geraten. Das Zauberwort heißt Offenheit! Sagen Sie den anderen, was Sie brauchen und wollen und was Sie nicht brauchen. Nehmen Sie sich ernst und verlangen Sie Schonung, wo Sie Schonung brauchen und Belastung, wo Sie sich belastbar fühlen. Sie können sehr genau spüren, daß Ihnen weder mit falscher Rücksichtnahme, noch mit scheinbarer Verdrängung des Verlustes geholfen ist. Haben Sie den Mut, Ihre Gefühle und Bedürfnisse anderen zu zeigen. Trauen sie gleichzeitig allen anderen zu, daß diese Ihnen ihre eigenen Grenzen der Belastbarkeit schon offenbaren werden. Sie sind in der Trauer die letzte Person, die in der Lage wäre, Verantwortung auch noch für andere (Erwachsene) zu tragen. Sie sollten sich selbst nicht vernachlässigen in einer Zeit, in der Sie sich von allen anderen verlassen fühlen.

Sie sind in der Trauer die letzte Person, die in der Lage wäre, Verantwortung auch noch für andere (Erwachsene) zu tragen. Sie sollten sich selbst nicht vernachlässigen in einer Zeit, in der Sie sich von allen anderen verlassen fühlen.

Als besonders schwer und schmerzhaft erleben viele Trauernde die Tage, die eine gemeinsame, partnerschaftliche Bedeutung hatten: Geburtstage, Weihnachten, Hochzeitstage, aber auch so schmerzliche Tage wie der Tag, an dem vielleicht die Diagnose der tödlichen Krankheit mitgeteilt wurde, der Tag der Einlieferung ins Krankenhaus, vor allem der erste Jahrestag des Todes. Die besondere Bedeutung dieser Gedenktage entsteht, weil sie in Ihnen immer wieder neu die vergangene innere Verbundenheit mit dem verlorenen Menschen hervorrufen. Es gibt keine Patentlösungen für diese Tage. Hören Sie auf Ihre augenblicklichen Stimmungen und geben Sie diesen nach. Falls Sie sich vorab Sorgen um einen derartigen Gedenktag machen, können Sie dafür sorgen, daß Sie ihn nicht allein verbringen.

Die „Trauerarbeit" ist eine der schwersten Aufgaben für einen Menschen — aber Sie müssen sie nicht völlig alleine bewältigen.

Seien Sie unbesorgt wieder einmal unbequem. Sie haben das schlimmste Ereignis, das uns normalerweise widerfahren kann, soeben erlebt: Sie dürfen anderen auch zur Last fallen! Organisieren Sie Ihren Geburtstag, Weihnachten, Silvester usw. so, daß Sie — falls Sie dies nicht ausdrücklich wünschen — nicht alleine sind. Die „Trauerarbeit" ist eine der schwersten Aufgaben für einen Menschen — aber Sie müssen sie nicht völlig alleine bewältigen.

Beruhigungsmittel

Viele Neurologen und Hausärzte, von denen Trauernde betreut werden, verschreiben — mitunter „großzügig" — Beruhigungsmittel. Gegen eine kurzzeitige Einnahme dieser Medikamente zur Bewältigung des ersten Schocks ist nichts einzuwenden. Niemandem ist damit geholfen, wenn Trauernde durch das Zusammenspiel von Schock und Schlaflosigkeit körperlich zusammenbrechen. Dennoch existiert das Problem einer häufig zu leichtfertigen Verschreibungspraxis. Es scheint so, daß manche Ärzte damit auf ihre eigene Hilflosigkeit im Umgang mit Trauernden reagieren. Die Patienten, die in gewisser Weise genau dies von ihren Ärzten auch erwarten, sind damit meist zufrieden gestellt; der ohnehin überfüllte Terminkalender der Arztpraxis gerät nicht durcheinander und die Auseinandersetzung mit dem Thema Trauer ist erfolgreich vermieden worden.

Die am häufigsten verschriebenen Mittel sind Adumbran, Lexatonil, Limbatril und Tranxilium. Sie dienen zur Eindämmung von Angst- und Spannungszuständen, sind agressivitätsdämmend und muskelentspannend.

Es ist bekannt, daß bei den genannten und vergleichbaren Mitteln schon nach etwa drei Wochen der regelmäßigen Einnahme beim Absetzen genau die Symptome verstärkt auftreten können, gegen die die Mittel eingesetzt waren: Angstzustände, Unruhe und Schlafstörungen. Dies sind aber ebenfalls die häufigsten Trauersymptome. Binnen kürzester Zeit führt so eine gutgemeinte Medikation zur Abhängigkeit, da es gerade bei der Trauer zu einer gegenseitigen Verstärkung von „Entzugssymptomen" und „Trauersymptomen" kommt und Trauernde sehr leicht in die Versuchung kommen, die Dosierung zu erhöhen. Dazu kommt, daß viele Trauernde zusätzlich verstärkt Alkohol zur Betäubung des Trauerschmerzes und zur Vermeidung der Auseinandersetzung mit der Trauer konsumieren. Die Folgen sind leicht absehbar: Jede Form der Betäubung, medikamentösen Beruhigung usw. kann immer nur vorübergehend und begrenzt wirken. Ein während der meisten Zeit betäubter oder ruhiggestellter Trauernder aber ist niemals in der Lage, seine Trauer zu erleben und zu verarbeiten. Er hat keine Chance, zum Ende der Trauer zu gelangen!

Allgemein ist daher zu fordern: Grundsätzlich sollten Trauernde äußerst vorsichtig mit Beruhigungsmitteln umgehen, zugleich ist eine sehr umsichtige und kontrollierende Verschreibungspraxis seitens der Ärzte notwendig. Trauer ist in den allermeisten Fällen keine mit Hilfe von Medikamenten — gleichwelcher Art — „heilbare" Krankheit. Trauer ist im Gegenteil ein — schmerzhafter — innerpsychischer Vorgang, der ein aktives Handeln der Trauernden erfordert. Jede Behinderung der notwendigen Handlungsfähigkeit vermindert die Fähigkeit zu trauern.

Ein während der meisten Zeit betäubter oder ruhiggestellter Trauernder aber ist niemals in der Lage, seine Trauer zu erleben und zu verarbeiten. Er hat keine Chance, zum Ende der Trauer zu gelangen!

Wenn die Trauer sich dem Abschluß zuneigt

Irgendwann stellen Sie — mitunter für Sie selbst überraschend — fest, daß der Verlust Ihnen nicht mehr ganz so schmerzlich erscheint wie zu Beginn. In der Regel geschieht dies ungefähr nach einem Jahr. Es ist aber nicht ungewöhnlich oder besorgniserregend, wenn es bei Ihnen länger dauert, auch eine kürzere Zeit der Trauer bedeutet nicht, daß Ihre Trauer weniger intensiv ist. Trauer ist ein sehr individueller Prozeß und jeder Mensch braucht seinen ganz eigenen Zeitraum der Trauer. Keine Norm kann bestimmen, wann die Trauer zu enden hat. Wichtig ist, daß Sie sich das Recht auf ihre Trauerzeit nehmen und von niemand anders bestimmen lassen. Es mag vorkommen, daß (besonders erwachsene) Kinder nach einigen Monaten zu drängeln beginnen, Bemerkungen darüber machen, daß „es nun langsam genug" sei mit Ihrer Trauer. Derartiges Verhalten zeugt allerdings nicht von Wissen um die Bedürfnisse Trauernder, sondern eher von eigenen Schwierigkeiten: Die Forderung Anderer, die Trauer — zumindest sichtbar — zu beenden, resultiert in den meisten Fällen aus deren eigener Angst vor der Trauer und den damit verbundenen Emotionen.

In früheren Zeiten gaben allgemein verbindliche Traditionen und Rituale — beispielsweise die festen Regeln der Trauerkleidung — jedem Trauernden die Möglichkeit, den

> **Trauer ist ein sehr individueller Prozeß und jeder Mensch braucht seinen ganz eigenen Zeitraum der Trauer.**

Stand seiner Trauer nach außen hin zu zeigen. Zugleich war damit eindeutig geregelt, in welchem Maße Trauernde (wieder) am normalen Alltagsleben, aber auch an Feiern u.a.m. teilzunehmen bereit und in der Lage waren. Dies ist heute nicht mehr der Fall und kann in unserer modernen Gesellschaft auch nicht mehr wiederhergestellt werden. Daher muß heute jeder Trauernde selbst offen sagen, ob er noch trauert und der Schonung und Unterstützung durch andere bedarf. Wichtig zur Beurteilung, ob es sich um einen „problematischen" Trauerverlauf handelt, bei dem die Trauer niemals zu enden scheint, ist nicht die Zeit der Trauer, sondern die Frage, ob sich etwas im Gefühl des Trauernden ändert. Wenn sich — gleich in welchem Zeitraum — Gefühle ändern, trauert der Hinterbliebene und es besteht wenig Gefahr, daß er nicht irgendwann mit seiner Trauer zurecht kommen wird. Nur in den Fällen, in denen überhaupt keine Veränderung eintritt oder alles nur noch schlimmer wird, besteht die Gefahr einer „problematischen" Trauer und möglicher psychischer oder körperlicher Folgeerkrankungen.

Der mit der Zeit geringer werdende Trauerschmerz bedeutet nicht, daß Sie nicht mehr an den Verstorbenen oder die Verstorbene denken. Es wird immer wieder Momente in Ihrem Leben geben, in denen Sie die Ihnen bereits vertraute Trauer und den tiefen Schmerz erneut wahrnehmen werden. Sie haben sich aber in dieser Zeit der Trauer verändert. Diese Leidenszeit hat — ohne daß Sie dies zunächst bemerken — aus Ihnen einen anderen Menschen gemacht; Sie haben nun das schlimmste vorstellbare Leid — die Trauer — erlebt. Sie sind gereift und haben mehr Verständnis für die Nöte anderer Menschen. Sie haben eine neue Einstellung zum Leben entwickelt und schätzen den Wert der Dinge anders ein. Materielle Dinge werden Ihnen vielleicht weniger wichtig als zuvor erscheinen, und Sie haben den Wert wahrer Freundschaften schätzen gelernt.

Ihr Freundes- und Bekanntenkreis wird sich mit großer Wahrscheinlichkeit verändert haben. Sie haben „die Spreu vom Weizen getrennt" und sich von flüchtigen Bekanntschaften, oberflächlichen Beziehungen und unzuverlässigen, „falschen" Freunden losgesagt. Vielleicht sind Sie aber auch neue, befriedigendere Beziehungen eingegangen und haben neue, Ihnen wertvolle Freunde kennengelernt.

Sie haben gelernt, alleine mit der Welt zurecht zu kommen und eine neue Einstellung zu sich selbst entwickelt. Sie haben neue Kompetenzen an sich festgestellt, vielleicht aber auch bemerkt, was Sie selber nicht alleine fertigbringen und wo Sie die Hilfe anderer brauchen. Der Verstorbene hat nun seinen festen Platz in Ihrem Herzen, in Ihren Erinnerungen. Sie erinnern sich sowohl an gute als auch an schlechte Seiten Ihres Partners, an schöne und weniger schöne Zeiten des gemeinsamen Lebens. Sie haben neue Schritte in der Welt unternommen, auf eine Reihe von gewohnten Dingen verzichtet und eine Reihe von Ihnen bislang vielleicht unbekannten Fähigkeiten erworben. Alles in allem haben Sie ein sehr realistisches Verhältnis zum Verstorbenen entwickelt und können gut mit der Erinnerung an den geliebten Menschen leben.

Sie sind wieder offen für Erfahrungen und neue Bekanntschaften. Wenn Ihnen der Gedanke an eine neue intime Beziehung auch vielleicht noch fremd ist und möglicherweise für Sie auch nie wieder Thema sein kann, so können Sie sich doch vorstellen, sich anderen Menschen wieder zu öffnen und gemeinsamen Interessen nachzugehen. Sie fangen, kurz gesagt, wieder zu leben an. Sie werden bemerken, daß Sie wieder belastbarer geworden sind, daß Sie auch wieder mehr Kraft und Willen bei sich finden, sich um die Belange und Probleme anderer zu kümmern, vielleicht sogar Spaß daran finden. Hier kommt auch Ihre neu erworbene Reife zum Tragen.

Vorhandene Krankheitssymptome sind verschwunden oder auf ein sehr erträgliches Maß herabgesunken. Sie fühlen sich wieder als ganzer Mensch. Sie entwickeln wieder Interesse an ganz alltäglichen Dingen, finden vielleicht neue

Hobbies oder nehmen alte Hobbies wieder auf. Es mag sein, daß Sie Interessen, Teile von sich entdecken, die Sie im Laufe Ihrer Partnerschaft vergessen hatten und auf die Sie nun wieder zurückgreifen können. Jede Partnerschaft, auch wenn sie noch so glücklich erlebt wird, bedeutet zugleich eine Vielzahl von Kompromissen bei dem Versuch, die beiderseitigen Interessen in Übereinstimmung zu bringen. Das ungewollte Ende einer vielleicht langen Partnerschaft kann daher auch eine Chance bedeuten, noch einmal zu neuen Ufern zu gelangen.

Trauerkleidung

Die Trauerkleidung war für lange Zeit ein wichtiges Merkmal, das nach außen hin die Trauer der Hinterbliebenen deutlich anzeigte. Damit war für jedermann sichtbar, in welchem Stadium des Trauerprozesses der Trauernde sich befand. Der Trauernde konnte durch das traditionell festgelegte Ablegen bestimmter Kleidungselemente (Schal, Handschuhe, etc.) den Außenstehenden dokumentieren, wie stark er noch trauerte. Die allgemeine Bedeutung dieses Kleidungsrituals finden wir noch in dem Begriff „Abtrauern", der das stückweise Ablegen der schwarzen Trauerkleidung beschreibt.

Die traditionelle Trauerkleidung existierte zunächst als Volltrauer-Kleidung, bei der die gesamte Kleidung der Trauernden schwarz war (es existieren allerdings regionale Ausnahmen, bei denen auch andere Farben als Trauerfarben galten). Die Volltrauer-Kleidung kennzeichnete die tiefste Trauer der ersten Zeit.

Die Halbtrauer-Kleidung ersetzte einzelne schwarze Kleidungsstücke durch andersfarbige, oft weiße Elemente. So wurden weiße Kragen oder Blusen getragen, oder der Trauerschleier abgelegt, mit dem Witwen in der Volltrauer bezeugten, daß sie sich von der Alltagswelt weitgehend ausschlossen. In einer späteren Phase des Trauerverlaufs wurden nur noch vereinzelte schwarze Accessoires zu einer ansonsten nicht mehr schwarzen Kleidung getragen.

Die traditionelle Kleiderordnungen ermöglichten es den Trauernden, zu zeigen, welchen Grad an Schonung oder Belastbarkeit sie für angemessen hielten, ohne ständig darauf hinweisen zu müssen. Diese „Kleidersprache" wurde in der Regel auch von allen anderen respektiert.

Diese Tradition der Trauerkleidung ist heute, wie so viele andere traditionelle und auch rituelle Formen der Trauer, nicht mehr allgemein verständlich. Es mag Gegenden geben, in denen sie noch in letzten Restformen existieren und mehr oder weniger intakt sind. Den meisten Menschen sind diese Traditionen heute allerdings fremd, sie sind nicht mehr damit aufgewachsen. Für sie sind keine der alten — oder auch neuen — Traditionen und Rituale mehr hilfreich.

Wenn die Trauer nicht enden will

Es kann passieren, daß Ihre Trauer kein Ende zu nehmen scheint. Sie können sich mit dem erlittenen Verlust nicht abfinden. Zwar sagt Ihnen Ihr Verstand, daß Ihr Partner bereits seit zwei oder drei Jahren tot ist und Sie eigentlich darüber hinweggekommen sein müßten. Auch die Menschen in Ihrer Umgebung weisen Sie ständig auf diesen Sachverhalt hin — sofern Sie überhaupt noch über Ihre Trauer sprechen. Ihre Gefühle aber sagen etwas anderes. Sie sind immer noch fast genauso verzweifelt wie unmittelbar nach dem Tod Ihres Partners oder Ihrer Partnerin.

Nach wie vor gelingt es Ihnen nicht, einen neuen Sinn in Ihrem Leben zu entdecken, den es ohne Ihren verstorbenen Partner nicht zu geben scheint. Wahrscheinlich leiden Sie auch noch immer unter den körperlichen oder seelischen Beschwerden, die unmittelbar nach dem Todesfall auftraten. Es können sich auch einzelne Erkrankungen verschlimmert oder zu chronischen Krankheiten entwickelt haben. So könnten sich Schwindelgefühle zu schwerwiegenden Herz-Kreislauf-Erkrankungen entwickelt haben, oder Gefühle der Traurigkeit zu einer tiefgreifenden und Ihr ganzes Lebens stark einschränkenden Depression. Das einzige, was Ihnen wirklich am Herzen liegt, ist, wieder mit Ihrem Partner bzw. Ihrer Partnerin vereint zu sein. Alles andere sind für Sie nur Ablenkungen. Sie haben die Hoffnung auf ein erfülltes Leben möglicherweise längst abgeschrieben und haben resigniert. Das Leben beinhaltet für Sie keine Freude mehr, da jede Freude ein Verrat an Ihrem verstorbenen Partner sein könnte. Es kann sogar sein, daß Sie sich wünschen, selbst nicht mehr zu leben und nur nicht den Mut haben, Ihrem Leben ein Ende zu setzen. Vielleicht haben Sie sogar einen Selbstmordversuch hinter sich. Ihr Leben scheint aussichtslos, Sie glauben nicht mehr an eine Besserung.

Falls Sie sich in dieser allgemeinen Darstellung wiederfinden können, gehören Sie zu einer kleinen Gruppe von Trauernden, bei denen bestimmte Gründe einen „normalen" Trauerablauf verhindert haben. Es gibt viele verschiedene Gründe, die Menschen im Einzelfall die Trauer unendlich erschweren. Sie können zum Beispiel die Art, in der Ihr Partner oder Ihre Partnerin starb, als besonders traumatisierend und grausam empfunden haben. Sie können in Ihrer Jugend oder auch in der jüngeren Vergangenheit sehr viele schwere Verluste erlitten haben, ohne je die Möglichkeit gehabt zu haben, ausführlich darüber sprechen oder eine eigene, angemessene Trauer entwickeln zu können. Sie können zusätzlich zu Ihrem Verlust unter weiteren, Ihre gesamte Situation stark erschwerenden Lebensumständen leiden (z.B. schwere finanzielle Probleme, eine bereits vor dem Verlust stark angegriffene Gesundheit usw.). Sie sind möglicherweise auch sozial isoliert und allein gelassen. Ihre Angehörigen wohnen zu weit entfernt oder leben nicht mehr, oder sie kümmern sich nicht um Sie.

Jeder Mensch ist in der Lage, die Trauer um einen geliebten Menschen zu bewältigen. Es gibt allerdings Situationen, in denen diese Aufgabe für Sie alleine zu schwer ist.

Wir möchten Sie dennoch ermutigen, nicht zu verzweifeln und nicht die Hoffnung aufzugeben. Jeder Mensch ist in der Lage, die Trauer um einen geliebten Menschen zu bewältigen. Es gibt allerdings Situationen, in denen diese Aufgabe für Sie alleine zu schwer ist.

Sie werden Hilfe von Anderen in Anspruch nehmen müssen. Wenn Sie sich zum Leben bekennen und vor sich selbst sagen können: „Ja, ich möchte weiter leben. Ich möchte herausfinden, ob ich noch eine Aufgabe in diesem Leben habe und einen neuen Sinn darin entdecken kann", ist es möglich, Ihnen zu helfen.

Die größte Schwierigkeit wird für Sie darin bestehen, sich einzugestehen, daß Sie ohne Hilfe nicht aus Ihrem Leid herausfinden. Wenn Sie einmal den Entschluß gefaßt haben, Hilfe zu suchen, wird es Ihnen auch gelingen, Unterstützung zu finden. Es gibt dazu mehrere Möglichkeiten.

Der Verlust eines so sehr geliebten Menschen ist ein derart schlimmes Erlebnis, daß es keineswegs ein individuelles Versagen bedeutet, es nicht alleine bewältigen zu können.

Sie können sich an eine mit der Betreuung Trauernder befaßte Beratungsstelle wenden. Entsprechende Adressen finden Sie im Anhang des Buches. Es gibt allerdings bisher kaum spezielle Beratungsangebote für Trauernde. Sie sollten sich daher in Ihrer Wohnregion an eine allgemeine Ehe-, Lebens- und Familienberatungsstelle wenden. Diese Beratungsstellen werden normalerweise von den Trägern der Wohlfahrtspflege (Caritas, Diakonisches Werk, Arbeiterwohlfahrt, evangelische und katholische Kirche) oder der öffentlichen Hand (Kommune, Landkreis usw.) unterhalten. Sie sind sehr wohl auch für die besonderen Probleme und Bedürfnisse Trauernder offen und zuständig.

Sie können sich aber auch an einen niedergelassenen Psychotherapeuten wenden, der Erfahrung im Umgang mit Trauernden hat. Darüber hinaus gibt es immer wieder auch Seelsorger oder Ärzte, die ein genügendes Wissen und Verständnis über die Trauer haben und Ihnen Anstöße zur Bewältigung Ihrer Lebenskrise geben können. Die wichtigste und unabdingbare Voraussetzung dazu ist aber, daß Sie selbst Ihre schlimme und für Sie so schmerzhafte Situation verbessern wollen. Der Verlust eines so sehr geliebten Menschen ist ein derart schlimmes Erlebnis, daß es keineswegs ein individuelles Versagen bedeutet, es nicht alleine bewältigen zu können. Immer wieder finden sich Menschen nach dem Tod ihres Partners oder ihrer Partnerin plötzlich in einer Situation wieder, in der es ihnen einfach nicht möglich ist, ihre Trauer zu verarbeiten. Dennoch ist in jedem Fall Hilfe möglich: sie muß lediglich angenommen werden.

Formen der Trauer

Die folgenden Beispiele unterschiedlicher Trauerverläufe
beruhen auf unseren Erfahrungen bei der Beratung Trauernder. Sie zeigen, daß auch Trauernde, deren Trauer durch
verschiedene Komplikationen erschwert oder verhindert
wird, mit ein wenig Unterstützung diese Lebenskrise bewältigen können.

Alle Fälle sind allerdings „erfunden", sie dienen lediglich
als Beispiele für diesen Ratgeber. Die Arbeit einer Trauerberatungsstelle ist so vertraulich und handelt so oft von den
innersten Gefühlen der Trauernden, daß kein Fall auch nur
annähernd beschrieben werden kann. Dennoch sind alle beschriebenen Vorgänge und Ereignisse so oder ähnlich wirklich geschehen. Sie wurden allerdings stark entstellt und
neu zusammengestellt. Eine Ähnlichkeit mit wirklichen Le-
bensgeschichten unserer Klienten ist nicht mehr vorhanden. Eventuelle Ähnlichkeiten mit anderen Lebensgeschich-
ten sind nicht beabsichtigt und wären rein zufällig.

Herr B.

Herr B. (68) verlor seine Frau durch einen Verkehrsunfall.
Unglücklicherweise hatte er selbst den Unfallwagen gefah-
ren und dabei den Zusammenstoß, bei dem seine Frau ums
Leben kam, verursacht. Den Warnungen seines Hausarztes
zum Trotz, nicht mehr länger Auto zu fahren, da er aufgrund
seiner durch sein Alter nachlassenden Reaktionsfähigkeit
möglicherweise nicht mehr jederzeit angemessen reagieren
könne, hatte er sich wieder ans Steuer gesetzt. Kurz darauf
ereignete sich der tragische Unfall.

Herr B. war bis zu diesem Ereignis ein sehr selbstbewußter und durchsetzungsfähiger Mann, der bis zu seiner Pensionierung eine größere Schule in einer Großstadt leitete. Das kinderlose Ehepaar hatte eine strikte Rollenaufteilung in der Partnerschaft gepflegt: Herr B. verdiente das Geld, Frau B. war für den Haushalt zuständig.

Da Herr B. immer tonangebend war, aufgrund seiner beruflichen Stellung einen großen Bekanntenkreis besaß und sich als lebenstüchtigen, unerschütterlichen „Kerl" betrachtete, war er zunächst sehr zuversichtlich, den Tod seiner Frau, die er sehr geliebt hatte, gut verkraften zu können.

Zu der in großem Rahmen organisierten Beerdigung kamen sehr viele Verwandte, Freunde und Bekannte. Herr B. war froh über die erwiesene Anteilnahme, zeigte sie ihm doch, daß er sich auf seine sozialen Kontakte verlassen konnte. Alle sprachen ihm Mut zu und versicherten ihn ihrer Unterstützung. Es war eine schöne, „vorzeigbare" Beerdigung, die viel über die Stellung der B.'s in ihrer Gemeinde aussagte.

Schon kurze Zeit später hatte Herr B. scheinbar seine eigene Beteiligung an dem Unfall vergessen. In Gesprächen kam er nur noch auf „den unglücklichen Unfall" zu sprechen, bei dem man „eigentlich niemandem einen Vorwurf machen" konnte. Er stürzte sich in seine Hobbies — er war ein leidenschaftlicher Gärtner und Briefmarkensammler — und wirkte ruhig und gefaßt. Die Leute, mit denen er zusammenkam, bestätigten ihm, was für ein „tapferer Kerl" er doch sei. Mit dieser Einschätzung fühlte er sich sehr wohl, stimmte sie doch mit seiner Selbsteinschätzung weitgehend überein.

Niemand sah ihn weinen oder seinen Verlust beklagen. Aber jeder Freund und Bekannte stellte lobend fest, daß er sich rührend um die Bepflanzung des Grabes seiner Frau kümmerte, das bald eines der schönsten Gräber auf dem Friedhof war. Viel Beifall fanden auch seine Aussagen, daß niemand ihm seine Frau ersetzen könne, daß es niemals mehr „einen solchen lieben Menschen" für ihn geben könne.

Etwa sieben Monate nach dem Tode seiner Frau begann Herr B. plötzlich unter einer ihm unerklärlichen Unruhe zu leiden. Seine Hobbies machten ihm keinen Spaß mehr. Er brach mitten in seiner Arbeit ab, um sich unvermittelt einer anderen Tätigkeit zuzuwenden, die er ebenfalls nicht zu Ende brachte. Rastlos wanderte er durch sein Haus und erlebte bis dahin nie gekannte Anfälle von Wut und Aggression. Er konnte nicht mehr schlafen und lief wie „neben sich" umher. In seinen Träumen erschien ihm seine Frau, wie sie den Haushalt erledigte oder Einkäufe machte, und jeder Traum endete damit, daß seine Frau ihn traurig und vorwurfsvoll anblickte. Wenn er im Traum die Arme ausstreckte, um sie zu trösten, entschwand sie; er erwachte jedesmal schweißgebadet.

Um dennoch wieder schlafen zu können, ließ sich Herr B. von seinem Hausarzt Schlaftabletten verschreiben und spülte sie allabendlich mit einigen Gläsern Cognac herunter. In Gesellschaft wirkte er zunehmend ruppig und unnahbar. Er wurde mißmutig und jähzornig. Seine Bekannten, sogar die Verwandten, wandten sich von ihm ab, weil sie seine Unberechenbarkeit und spitzen Bemerkungen nicht mehr ertragen mochten. Herr B. empfand das als Angriff gegen sich und steigerte sich immer mehr in ein griesgrämiges Einzelgängertum hinein. Er wurde boshaft und nachtragend, bis er sich schließlich völlig isoliert sah.

Kurz darauf erlitt er einen Kreislaufkollaps. Seine Welt war für ihn zusammengebrochen, Herr B. konnte die bis zu diesem Zeitpunkt mit aller Kraft gestützte Abwehr von Trauer und Schuldgefühlen nicht mehr länger aufrechterhalten.

Etwa ein Jahr nach dem Tode seiner Frau kam Herr B. zur Trauerberatungsstelle. Dort hatte er — zum ersten Male — die Gelegenheit, seinen eigenen Gefühlen von Trauer, aber auch von Schuld und Verantwortung nachzuspüren.

Wichtig dabei war, daß er sich zum ersten Male eingestehen konnte, am Tode seiner Frau mitschuldig zu sein. Er mußte im Verlauf der Therapie sein altes Bild vom „tollen Kerl", der alles im Griff hatte und beinahe fehlerlos war, revidieren und konnte ein realistischeres Bild von sich gewinnen. So wurde es ihm möglich, um seinen Verlust zu trauern, seinen Gefühlen der Trauer Ausdruck zu geben und schließlich seine Trauer zu bewältigen. Er wurde wieder offener und zugänglicher, und seine körperlichen Symptome verschwanden vollständig.

Frau G.

Frau G. (37) hatte ihren Mann während eines Urlaubs durch einen Gehirnschlag verloren. Der Tod kam völlig überraschend und unerwartet. Am Morgen hatten beide noch gemeinsam gefrühstückt und ein Ausflugsprogramm für den restlichen Tag geplant. Frau G. hatte sich noch eben die Haare gewaschen und gerade abgetrocknet, als sie merkwürdige Geräusche aus dem Nebenzimmer hörte. Als sie nachschaute, sah sie ihren Mann reglos auf dem Boden liegen. Frau G. glaubte zunächst an einen schlechten Scherz, denn sie kannte den manchmal etwas verschrobenen Humor ihres Mannes, doch als er auf Anrufe nicht reagierte, zog sich etwas in ihrem Magen zusammen. Sie bückte sich, drehte ihren Mann auf den Rücken und begriff augenblicklich, daß er tot sein mußte. Trotzdem sträubte sich alles in ihr, diesen Tod zu akzeptieren. Für Momente war sie unfähig, sich zu bewegen oder auch nur einen Laut von sich zu geben. Dann entrang sich ihr ein leises Aufstöhnen. Frau G. mußte sich setzen und war erst zehn Minuten später in der Lage, zum Zimmertelefon zu greifen, um Hilfe anzufordern.

Kurz darauf kam der Hotelarzt und stellte den Tod von Herrn G. fest. Was dann kam, durchlebte Frau G. wie im Nebel. Ein Hotelmanager redete ihr gut zu; was er sagte, konnte sie später beim besten Willen nicht mehr erinnern. Ein Transportsarg wurde irgendwann gebracht und Herr G. abtransportiert, wohin, erfuhr Frau G. erst viel später. Der Hotelarzt sprach beruhigend auf sie ein und gab ihr schließlich eine Beruhigungsspritze, woraufhin sie einschlief. Als sie mitten in der Nacht wieder aufwachte, war sie allein. Der automatische Griff zum leeren Bett neben ihr brachte das Geschehene in ihr Bewußtsein zurück. Sie hatte dennoch das Gefühl, das alles könne doch gar nicht wahr sein. Gleich mußte ihr Mann lächelnd aus dem Badezimmer kommen, sie in den Arm nehmen und ihr wieder einmal sagen, was für ein Angsthase sie doch sei. Als dennoch niemand kam, begann Frau G. zu schreien.

Zwölf Tage später fand die Beerdigung in der Heimatstadt der G.'s statt. Der Leichnam war „nach Hause" gebracht worden. In der ganzen Zeit hatte Frau G. — ganz auf sich allein gestellt — mit der Situation fertig werden müssen und ihren verstorbenen Ehemann nicht wieder gesehen. Sie ließ die Beerdigung im „engsten Familienkreis" über sich ergehen und war froh, anschließend wieder alleine zu sein.

Frau G. nahm ihre Tätigkeit als Versicherungskauffrau wieder auf und war dankbar, berufliche Ablenkung zu finden. Die Kollegen waren betreten, vorsichtig und rücksichtsvoll. Zunächst empfand Frau G. das als angenehm, aber mit zunehmender Zeit wurde sie es leid, wie ein rohes Ei behandelt und immer und überall „in Watte gepackt" zu werden. Sie wollte wie ein normaler Mensch behandelt werden, doch jeder benahm sich übervorsichtig und ängstlich. Dabei empfand Frau G. das keineswegs als hilfreich. Niemand schien sich dabei wirklich um ihren seelischen Zustand zu kümmern. Sie hatte nur den Eindruck, daß sich keiner der Kolleginnen und Kollegen ihrer Trauer aussetzen wollte. Schließlich wurde Frau G. die Situation so unangenehm, daß sie einen Arbeitsplatzwechsel überlegte. Sie ließ sie sich zunächst krankschreiben, um ihre Entscheidung zu überdenken.

Zu Hause fiel ihr bald die Decke auf den Kopf. Sie war eine unternehmungslustige Frau, doch es schien ihr einfach noch nicht die Zeit gekommen zu sein, wieder etwas zu unternehmen. In ihrer inneren Unruhe begann sie, die Wohnung auf den Kopf zu stellen, zu reinigen, umzuräumen und teilweise alte Möbel durch neue zu ersetzen. Doch allzu schnell war alles erledigt und das Gefühl, unnütz herumzusitzen kam erneut. Wieder in die Firma zurückzukehren erschien ihr jedoch als das größere Übel. Sie nahm Kontakt zu alten Freundinnen auf, ging mit ihnen aus und es gelang ihr auch manchmal, wieder zu lachen und Freude am Leben zu empfinden. Dann begannen ihre Freundinnen anzudeuten, sie solle doch einmal daran denken, sich wieder einen neuen Partner zu suchen. Frau G. war entsetzt. Mit keinem Gedanken hatte sie sich mit einem neuen Partner beschäftigt. Völlig fremd erschienen ihr solche Überlegungen. Sie sagte das ihren Freundinnen. Nach einiger Zeit kamen immer häufiger Bemerkungen der Freundinnen wie: „Man kann es auch übertreiben", „Jeder muß doch mal da durch" und „Du mußt doch auch mal an uns denken". Frau G. glaubte nicht richtig zu hören. Ganz deutlich und immer offener signalisierten ihre „Freundinnen", daß sie ihnen auf die Nerven ging. Kurz darauf wurden telefonische Anrufe bei den Freundinnen durch deren Ausflüchte verkürzt und sie mußte bemerken, daß manchmal Freundinnen, denen sie in der Stadt begegnete, ihr bewußt auswichen oder sie einfach gar nicht beachteten. Frau G. war tief verletzt und zog sich ganz aus dem Freundeskreis zurück.

Inzwischen war sie in die alte Firma zurückgekehrt, da sie sich verunsichert fühlte und nicht die Kraft fand, sich bei einer anderen Stelle zu bewerben. Ihre Trauer und ihre Gefühle wurden nicht angesprochen, aber sie „funktionierte" in ihrer Tätigkeit. Innerlich fühlte sie sich immer leerer. Es war ein Gefühl, als lebte sie neben sich. Alles erschien ihr irgendwie unwirklich und sinnlos. Sie fragte sich zunehmend, wie ihr Leben weitergehen solle. Etwa neun Monate nach dem Tod ihres Mannes hatte sie plötzlich Sehstörungen. Die Bilder verschwammen vor ihren Augen. Gleichzeitig hörte sie immer wieder die Stimme ihres Mannes, die ihr beruhigend zuredete. Doch die beruhigende Stimme beunruhigte sie. Wo kam sie her? Ihr Mann war doch tot. War ihr Mann wirklich tot? Schließlich hatte sie ihn nicht mehr gesehen, seitdem an dem er an jenem schrecklichen Morgen zusammengebrochen war. Zweifel kamen auf. War er wirklich tot gewesen? Konnte sich der Hotelarzt nicht geirrt haben? Schließlich, wieviel Erfahrung hatte so ein Hotelarzt mit Toten? Und wenn ihr Mann wirklich tot war, was sie immer mehr bezweifelte, war es wirklich ihr Mann, der in dem Grab lag, zu dem sie immer die Blumen brachte? Was, wenn die Leichen verwechselt worden waren? Sprach sie dann mit einem Fremden am Grab? Frau G. glaubte wahnsinnig zu werden. Wutanfälle wechselten mit Phasen völliger Apathie ab. Die verschwommenen Bilder vor den Augen, die Stimme ihres Mannes, die tiefe Verzweiflung und Fassungslosigkeit angesichts der vielen Fragen und schließlich die Hilflosigkeit, alleine aus diesem Dilemma herauszukommen, verstärkten die Verzweiflung immer mehr. Die Freundinnen wandten sich ab, die Kollegen wollten nichts davon hören. An wen sollte sie sich wenden? Wer konnte überhaupt verstehen, was in ihr vorging? Würde man sie nicht für verrückt halten, wo sie sich selber schon für verrückt hielt? Und würde man sie dann nicht in eine Anstalt sperren? Davor hatte sie verständlicherweise extreme Angst, denn vor ihrem inneren Auge sah sie sich schon auf ewig in einer Anstalt eingesperrt. Was konnte sie noch tun? Schließlich erschien ihr ein Selbstmord als weniger leidvoll, als sich einer Umwelt anzuvertrauen, die ja doch kein Verständnis für sie hatte, sondern ihr nur vorschreiben wollte, wie sie sich zu verhalten habe.

Anderthalb Jahre nach dem Tode ihres Mannes versuchte Frau G., sich durch Autoabgase zu töten. Der Selbstmord schlug fehl, aber ihr Appell nach Hilfe wurde erkannt.

Etwa zwei Jahre nach dem Tode ihres Mannes kam Frau G. zur Trauerberatungsstelle. Hier wurde ihr schmerzlich bewußt, wie sinnentleert ihr Leben und ihre Person geworden waren. Allzu bereitwillig hatte sie „funktioniert" und sich den Normen und Erwartungen ihrer sozialen Umwelt angepaßt. Doch statt Erleichterung zu bringen, hatte das Aufrechterhalten dieser Fassade ihre letzten psychischen Reserven verbraucht. Sie fühlte sich nur noch als leere Hülle ihrer selbst und wollte sich schließlich selbst vernichten. In der Therapie lernte sie zunächst, ihren Verlust neu zu durchleben und ihrer Trauer Ausdruck zu verleihen. Durch einen Abbau des selbstauferlegten Zwanges zu sozialer Anpassung gewann Frau G. erhebliche psychische Energien zur Bearbeitung ihres Verlustes zurück. Sie forderte nun von ihrer Umwelt die Verhaltensweisen, die sie für sich als nützlich und wohltuend empfand. Was sie völlig überraschte war, daß ihre Umwelt auf diese eingeforderten Verhaltensweisen verständnisvoller reagierte als auf ihr vorheriges angepaßtes Verhalten. Sie nahm mit ihren Forderungen den Anderen viel von deren Unsicherheit im Umgang mit Trauernden und erleichterte so allen den Umgang miteinander. Schon nach relativ kurzer Zeit gewann Frau G. wieder Selbstsicherheit und Lebensmut. Wenn auch die Frage nach einer neuen Partnerschaft weiterhin keine Rolle für sie spielte, fühlte sie sich doch wieder unternehmenslustig und begann, neue Perspektiven für ein Leben alleine zu entwickeln.

Frau O.

Herr O. (45) nahm sich das Leben durch Erhängen im Keller seines Hauses. Er konnte es nicht länger ertragen, daß er beruflich versagt hatte, die Hypotheken auf sein Haus nicht mehr bezahlen und seinen beiden Kindern Frank (14) und Julia (10) die geplante Zukunft nicht mehr bieten konnte. Frau O. (40) fand ihren Mann.

Nach dem ersten Schock benachrichtigte sie die Polizei. Zwei Kriminalbeamte, ein Arzt und zwei Leichenträger kamen ins Haus. Sie stellten den Tod durch Erhängen fest, klärten Frau O. darüber auf, daß es eine Untersuchung über die Todesumstände geben werde und brachten den Leichnam weg. Sie ließen Frau O. völlig verwirrt und ratlos zurück. Zunächst kreisten ihre Gedanken nur um die ominöse Untersuchung, die da kommen sollte. Sie schickte ihre Kinder zu den Schwiegereltern, die sie benachrichtigt hatte, und versuchte erst einmal alleine, das Geschehen zu verstehen. Es gelang ihr nicht. Sie konnte einfach nicht verstehen, warum sich ihr Mann umgebracht hatte. Nach über zwanzig gemeinsamen Jahren, in denen man allen Kummer und alles Leid geteilt hatte, in denen man sich aufeinander verlassen konnte, stand sie vor einem Scherbenhaufen. Ihre Lebenspläne waren wie eine Seifenblase zerplatzt. Was sollte sie jetzt machen? Sie fühlte sich hilflos und schwach, zu schwach, um aufzustehen. So blieb sie die erste Nacht nach dem Tode ihres Mannes in dem Keller sitzen, in dem er sich erhängt hatte.

Die nächste Zeit erlebte sie wie im Traum. Sie fühlte sich wie in Watte gepackt. Alles erschien ihr unwirklich und fremd. Sie saß die meiste Zeit apathisch in ihrem Lieblingssessel und verbrachte ganze Tage damit, aus dem Fenster zu starren, ohne dabei etwas von der Außenwelt bewußt wahrzunehmen. Wenn sie Besuch von ihrer Familie bekam, reagierte sie mechanisch, maschinenhaft. Sie reagierte sehr langsam auf Anrede oder Berührung durch die Familienmitglieder. Selbst ihre Kinder schien sie nicht richtig wahrzunehmen. Sie strich ihnen zwar über den Kopf, doch lag in diesen Gesten keine Spur von Gefühl. Nichts war zu spüren von der früheren Zärtlichkeit und Anteilnahme. Sie konnte zwar alle notwendigen Tätigkeiten im Haushalt durchführen, doch schien sie alle Verrichtungen rein automatisch vorzunehmen, ohne sie bewußt wahrzunehmen. Wenn sie auf ihre Tätigkeiten angesprochen wurde, konnte sie sich oft nicht mehr daran erinnern, was sie gerade getan hatte. Auch hielt sie nicht selten unvermittelt in einer Tätigkeit inne. So konnte sie zum Beispiel ihr Strickzeug, mit dem sie sich häufig ebenfalls mechanisch beschäftigte, unvermittelt mitten in der Bewegung sinken lassen und wiederum stundenlang ins Leere starren. Gespräche mit ihr gestalteten sich äußerst schwierig, da sie nur schwer den Fragen folgen konnte (oder wollte, denn ihr Interesse an der Außenwelt war fast nicht mehr vorhanden) und selten Antworten gab.

Dieser Zustand dauerte etwa vier Monate. In dieser Zeit weinte oder klagte Frau O. nicht einmal über ihren Verlust. Sie saß nur da und starrte ins Leere. Im fünften Monat nach dem Selbstmord ihres Mannes wich die Starre langsam von ihr. Sie begann sich wieder mit ihren Kindern und Schwiegereltern zu unterhalten und veranstaltete in einer Art Aktivitätsrausch einen großen Hausputz, in dessen Verlauf sie auch den Kleiderschrank ihres Mannes ausräumte. Sie gab alle seine Kleidungsstücke in eine kirchliche Sammlung und behielt nur seine Hausschuhe und seinen Morgenmantel zurück, die sie an seinem Bett liegen ließ, genauso, wie er sie am Morgen vor seinem Tode liegen gelassen hatte.

Frau O. vermied jedes Gespräch über den Tod ihres Mannes und schien sich endgültig gefangen zu haben. Die Familie atmete auf und Frau O. überlegte sich, ihre alte Berufstätigkeit als Sekretärin wieder aufzunehmen. Ihre Kinder bemerkten nur, daß sie sehr heftig reagierte, wenn sich jemand im Schlafzimmer an den übriggebliebenen Sachen ihres verstorbenen Mannes zu schaffen machte. Sie maßen dem aber keine besondere Bedeutung zu.

Frau O. wurde etwa acht Monate nach dem Tode ihres Mannes wieder berufstätig. Die Kinder wurden von den Schwiegereltern versorgt und Frau O. fühlte sich zunehmend besser und gefaßter. Sie hatte den Tod ihres Mannes nun fast völlig aus ihrem Gedächtnis gestrichen und begann sich wieder lebendig zu fühlen. Sie trat einem Damenkegelclub bei und plante eine größere Urlaubsreise mit den Kindern.

Kurz darauf brach sie auf offener Straße zusammen. Eine Reihe von Untersuchungen bei verschiedenen Spezialisten, die der Hausarzt der Familie O. angeregt hatte, brachten keine Ergebnisse. Die Abschlußbefunde deuteten auf keine organische Ursache. Man rätselte über den Zusammenbruch, gab aber schließlich die Suche nach einer Ursache auf. Frau O. fuhr mit den Kindern in Urlaub. Man verbrachte eine schöne und geruhsame Zeit auf den kanarischen Inseln, einem Urlaubsziel, das Frau O. schon lange mit ihrem Mann ins Auge gefaßt hatte.

Nach der Rückkehr schien alles weiter normal zu verlaufen. Etwa ein Jahr nach dem Tode von Herrn O. brach seine Frau zum zweiten Mal zusammen, diesmal bei der Arbeit. Die erschreckten Kollegen riefen den Notarzt. Eine gründliche Untersuchung im Krankenhaus blieb wiederum ohne konkrete Krankheitsbefunde. Die Ärzte befürworteten eine Kur, die Frau O. bereits drei Monate später antreten konnte. Sie wurde wiederum gründlich untersucht und wiederum ohne Befund. Die Ruhe und die langen Spaziergänge taten ihr gut. Erholt kehrte sie sechs Wochen später an ihren Arbeitsplatz zurück.

Etwa anderthalb Jahre lang verlief alles scheinbar bestens. Dann las Frau O. eines Morgens über den Selbstmord eines prominenten Schauspielers in der Morgenzeitung. Sie frühstückte in Ruhe zu Ende, fuhr zur Arbeit und wirkte so wie immer. Als ihr Chef ihr eine berufliche Anweisung gab, bekam sie einen Wutanfall. Sie warf die Dinge, die auf ihrem Schreibtisch lagen zu Boden und trampelte darauf herum. Alle Versuche der Kollegen sie zu beruhigen schlugen fehl. Frau O. tobte, bis ihre Kräfte sie verließen und verfiel dann wieder in einen apathischen Zustand. Endlich kam den behandelnden Ärzten der Verdacht, daß es sich möglicherweise um ein durch den Verlust ihres Mannes ausgelöstes Trauma handeln könnte.

Fast zweieinhalb Jahre nach dem Tode ihres Mannes kam Frau O. zur Trauerberatungsstelle. Bis zu diesem Zeitpunkt hatte sie sich niemals richtig mit ihrem Verlust auseinandergesetzt. Die nahezu umfassende Starre nach dem Selbstmord ihres Mannes hatte zwar Psyche und Körper vor dem vollständigen Zusammenbruch bewahrt, aber nach der Normalisierung der Funktionen war Frau O. zur „Normalität" zurückgekehrt. Die kleinen Anzeichen, daß die Trauer noch nicht bewältigt wurde — die physischen Zusammenbrüche, das sorgfältige Aufbewahren bestimmter, emotional bedeutsamer Gegenstände aus dem Besitz des Mannes — konnten von der Umwelt allzu leicht übersehen werden. Das Wiedererleben des traumatischen Verlustes durch das Lesen des Selbstmordartikels brachte die verschütteten Gefühle der Sinnlosigkeit und Trauer unvermittelt und in aller Stärke wieder zutage. In der schützenden Sicherheit der therapeutischen Situation konnte Frau O. langsam alle mit dem Verlust, der Trauer und den Todesumständen zusammenhängenden, erschreckenden und bedrohenden Gefühle Stück für Stück zulassen und verarbeiten. Nach Abschluß der Therapie traten die apathischen Zustände und physischen Zusammenbrüche nicht länger auf.

Herr S.

Herr S. (57) verlor seine Frau nach langer Krankheit durch Krebs. Er hatte seine Frau bis zu ihrem Tod fast zehn Jahre lang überwiegend selbst betreut. Zunächst pflegte er sie nur zeitweise nach ihren jeweiligen Krebsoperationen, die letzten beiden Jahre dann fast rund um die Uhr. Um diese Aufgabe erfüllen zu können, hatte Herr S. sich vorzeitig pensionieren lassen. Er konnte sich so ausschließlich um seine kranke Frau kümmern. Die S. waren insgesamt 36 Jahre glücklich verheiratet gewesen. Sie hatten keine Kinder und waren während ihrer gesamten Ehe fast ausschließlich füreinander da gewesen.

Schon lange hatten die S. gemeinsam dem Tod ins Auge geblickt und sich auf den Abschied eingerichtet. Frau S. hatte ihrem Mann gute Ratschläge mit auf den Weg gegeben. So sollte er sich möglichst rasch wieder eine neue Partnerin suchen, was Herr S. natürlich vehement ablehnte. „Wie sollte ich jemals eine andere lieben", fragte er immer wieder seine schwerkranke Frau, während er sich zärtlich um sie kümmerte. Da er jedoch das starke Bedürfnis seiner Frau verspürte, ihn gut versorgt zu wissen, versprach er ihr schließlich auch, sich bald eine neue Partnerin zu suchen.

Auch über den Tod selbst sprachen die S. miteinander. Sie beschlossen den Todesmoment gemeinsam zu erleben, und Herr S. mußte seiner Frau versprechen, im Zeitpunkt ihre Todes ihre Hand zu halten. Gemeinsam machten sie Pläne über die Beerdigung, über die Zeit unmittelbar nach dem Tode von Frau S. und erinnerten sich der gemeinsamen erfüllten Jahre.

Zwei Wochen vor ihrem Tode litt Frau S. unter extrem starken Schmerzen. Der gerufene Hausarzt, der um die innige Beziehung der beiden wußte, glaubte es dennoch nicht mit seinem Gewissen vereinbaren zu können, Frau S. zu Hause zu lassen. Nach langen Überredungsversuchen billigten die S. schließlich eine Krankenhauseinweisung. Herr S. saß Tag und Nacht am Bett seiner Frau, obwohl sie ihn kaum noch wahrnehmen konnte. Ab und zu meinte er einen schwachen Händedruck zu spüren, den er sanft erwiderte.

In der Nacht vor ihrem Tode brach Herr S. vor Erschöpfung fast am Bett seiner Frau zusammen. Der gerufene Arzt redete so lange auf Herrn S. ein, bis dieser einwilligte, für einige Stunden des Schlafes nach Hause zu fahren. In diesen wenigen Stunden der Abwesenheit verstarb Frau S.

Die Nachricht erreichte Herrn S. zu Hause. Obwohl er alles ihm mögliche getan hatte, um seiner Frau in den letzten Jahre und bei ihrem Tod beizustehen, hatte er sofort das Gefühl, etwas versäumt zu haben. Zunächst überfluteten ihn heftige Gefühle der Hilflosigkeit und Verzweif-

lung. Was sollte er nun mit seinem Leben anfangen? Seine
Frau war der Mittelpunkt seines Daseins gewesen. Was
blieb ihm nun noch? Dann traf ihn das Schuldgefühl wie
eine gigantische Faust. Er hatte den letzten Wunsch seiner
Frau nicht mehr erfüllt. Im Augenblick ihres Todes hatte
er sie verlassen. Er war sich sicher, daß er sich dieses Versäumnis niemals würde verzeihen können. Das scheinbar
tiefe Gefühl der Verzweiflung wurde noch übermächtiger.
Es schien keine Möglichkeit mehr zu geben, das Versäumnis wieder gutzumachen.

Er organisierte eine prächtige Beerdigung. Er kaufte einen großen, wunderschönen Grabstein. Er bepflanzte das
Grab eigenhändig mit den schönsten Blumen, ihren Lieb-
lingsblumen. Er sprach stundenlang am Grab mit seiner
Frau. Und nicht nur dort. Er hielt Zwiesprache mit ihrem
Bild auf dem Wohnzimmerschrank, mit dem Kopfkissen auf
ihrem Bett, mit ihren Kleidungsstücken. Er glaubte verrückt
zu werden. Immer wieder bat er sie um Vergebung, doch
sie antwortete nicht. Wie konnte er jemals für sein Versäumnis Verzeihung erlangen?

Schließlich wich seine Hilflosigkeit eiskalter Wut. Wer
hatte ihn gehindert seine Frau in den Tod hinüberzubeglei-
ten? Der Hausarzt, der die Einweisung veranlaßt hatte und,
noch mehr, der Arzt im Krankenhaus, der ihn nach Hause
geschickt hatte, waren Schuld! Fieberhaft überlegte Herr
S. wie er sich rächen konnte. Nur Rache konnte ihm bei seinen nagenden Schuldgefühlen Erleichterung verschaffen.
Ärzte! Ärzte! Waren Ärzte nicht an allem schuld?

Herr S. begann in seiner Bekanntschaft Lügen über den
Hausarzt zu verbreiten. Er habe Kunstfehler begangen, Patienten in den Tod getrieben. Über das Krankenhaus, in dem
seine Frau gestorben war, erzählte er noch Schlimmeres.
Dort würden Patienten verwechselt, Todesspritzen gesetzt
und Sterbende in leeren Zimmern alleingelassen. Immer
mehr steigerte er sich in seinen Kreuzzug gegen die Ärzte-
schaft hinein. Er schrieb Verleumdungsbriefe über die bei-

den beteiligten Ärzte an die Ärztekammer und verlangte gerichtliche Untersuchungen über ihre Tätigkeiten. Auf begütigendes Zureden von Freunden und Bekannten reagierte er erst gar nicht. Schließlich wehrte sich der Hausarzt seinerseits mit einer Verleumdungsklage und Herr S. wurde wegen übler Nachrede verurteilt.

Nun fühlte sich Herr S. von aller Welt verfolgt. Sein gutmütiges Wesen war unter der Maske eines wütenden Eiferers verschwunden. Aggressiv fuhr er nahezu jeden an, der ihm begegnete. Etwa sechs Monate nach dem Tode seiner Frau hatte er sich mit seinem gesamten Freundes- und Bekanntenkreis verzankt und war nahezu vollständig isoliert. Niemand wollte mehr etwas mit ihm zu tun haben. Schließlich schrieb er seinem Bruder einen Brief mit einem detaillierten Mordplan zur Tötung des Krankenhausarztes. Er schrieb, daß er seine Schuld mit Blut tilgen wolle und daß er sich dann selbst das Leben nehmen werde.

Der Bruder nahm den Brief so ernst, daß er sofort zu Herrn S. reiste und ihn überzeugen konnte, Hilfe anzunehmen. Sieben Monate nach dem Tode seiner Frau kam Herr S. zur Trauerberatungsstelle. Zunächst fiel es Herrn S. sehr schwer, das Hilfsangebot der Trauerberatungsstelle anzunehmen. Auch gegenüber dem Therapeuten äußerte er heftige Gefühle der Wut und Aggression und mutmaßte, auch dieser könnte Teil der allgemeinen Verschwörung gegen seine Person sein. Nach und nach gelang es dem Therapeuten, Herrn S. zu überzeugen, daß er auf seiner Seite war. Nachdem Herr S. neues Vertrauen gewonnen hatte, gelang es ihm im Verlauf der Therapie, wirkliche und fantasierte Schuldzuweisungen zu trennen, bis er schließlich zu realistischen Einschätzungen gegenüber dem behandelnden Krankenhausarzt und sich selber fand.

Er gab seine Mord- und Rachepläne gegenüber den Ärzten auf. Langsam fand er auch wieder Zugang zu positiveren Gefühlen und nahm Kontakte zu alten Bekannten und Freunden auf. Er konnte seine Trauer ausdrücken, nachdem die Ausschließlichkeit der Wut dem Gefühl des erlittenen Verlustes gewichen war.

Frau M.

Frau M. (37) verlor ihre Familie durch einen Unglücksfall. Ihr Mann (41) und die beiden Kinder Gabriele (8) und Gerd (6) verbrannten im Einfamilienhaus der M.s. Frau M. war zu diesem Zeitpunkt wegen einer komplizierteren Unterleibsoperation im Krankenhaus. Da sie zum Zeitpunkt des Unglücks gerade frisch operiert war, wollten die behandelnden Ärzte sie zunächst noch nicht mit der furchtbaren Nachricht über den Verlust ihrer gesamten Familie belasten. Aus diesem Grunde erfuhr Frau M. erst vier Tage nach dem Unglücksfall von dem Geschehen. Sie war völlig gelähmt und konnte die Nachricht, die ihr schließlich überbracht wurde, nicht akzeptieren. Teilnahmslos saß sie in ihrem Bett, verweigerte die Nahrung und blickte ins Leere. Nachts schreckte sie oft unvermittelt und schreiend aus dem Schlaf auf. Schweißgebadet und schweratmend saß sie dann da, bis die Nachtschwester kam und ihr eine Beruhigungsspritze gab.

Inzwischen hatten ihre Eltern und Schwiegereltern die notwendigen Begräbnisformalitäten erledigt. Da die Ereignisse während eines heißen Sommermonates stattfanden, mußten die Verstorbenen möglichst schnell beerdigt werden. Frau M. konnte aufgrund ihrer schlechten körperlichen — und auch seelischen — Verfassung nicht an der Beerdigung teilnehmen.

Als sie zwei Wochen nach dem Tode ihrer Familie aus dem Krankenhaus entlassen wurde, fand sie statt ihrer vertrauten Umwelt nur noch ein abgebranntes Haus auf einem verwüstetetem Grundstück sowie einen Grabstein auf einer Familiengruft.

Ihre Eltern nahmen sie vorübergehend bei sich auf, kümmerten sich rührend um sie und erledigten auch weiterhin alle Formalitäten, beispielsweise mit Versicherungen und Behörden. In dieser Zeit vegetierte Frau M. mehr vor sich hin, als daß sie lebte. Ihre Eltern beobachteten ratlos den immer beklagenswerteren Zustand ihrer Tochter. Immer weniger reagierte sie auf Ansprache und zog sich immer mehr in ihre eigene Welt zurück. Sie begann mit ihrem Mann und ihren Kindern zu reden, lachte unwillkürlich und schrill und saß dann wieder stundenlang teilnahmslos auf einem Stuhl vor dem Fenster. Etwa einen Monat nach dem Tode ihrer Familie beging sie ihren ersten Selbstmordversuch.

Nach dem fehlgeschlagenen Versuch sich das Leben zu nehmen, verbrachte Frau M. mehrere Wochen in einer psychiatrischen Klinik, wo sie langsam wieder zu sich fand. Etwa fünf Monate nach den schrecklichen Ereignissen kehrte sie „nach Hause" zurück. Mit Hilfe ihrer Eltern nahm sie sich eine kleine Wohnung. Ambulant von einem Psychiater betreut, versuchte sie in ihren alten Beruf als Einzelhandelskauffrau zurückzukehren. Der Versuch schlug fehl. Zu lange war Frau M. nicht mehr berufstätig gewesen. Sie fand keinen Anschluß mehr. Mit Hilfe des Arbeitsamtes wurde sie umgeschult und fand schließlich eine Anstellung als Bürokraft. Ihr Leben schien wieder einen normalen Verlauf zu nehmen.

Etwa drei Jahre nach den Todesfällen starb der Vater von Frau M. Eine Woche darauf beging sie ihren zweiten Selbstmordversuch. Niemand hatte ihr angemerkt, daß mit ihr etwas nicht stimmte könnte. Der neue Freund, mit dem sie nun fast ein Jahr zusammen war, hatte an ihr nichts Ungewöhnliches feststellen können. Sie war nicht übermäßig traurig erschienen, hatte nicht mehr über ihren eigenen Verlust vor drei Jahren gesprochen und auch sonst keine Andeutungen gemacht, daß es ihr schlecht gehen könnte. Diesmal kam sie nur knapp mit dem Leben davon. Da sich der Freund um sie kümmern wollte, wurde sie recht schnell wieder aus dem Krankenhaus entlassen und weiter ambulant psychiatrisch versorgt. Wieder besserte sich ihr Zustand recht schnell. Sie nahm ihre Berufstätigkeit wieder auf und plante für die Zukunft.

Etwa zwei Jahre später wurde ihr von ihrer Firma eine deutlich bessere Position in einem anderen Ort angeboten. Nach Rücksprache mit ihrem Partner beschloß sie, die Stellung anzunehmen, da dieser freiberuflich tätig war und problemlos seinen Wohnort wechseln konnte. Kurz darauf zogen beide in den neuen Ort und heirateten ein halbes Jahr darauf. Langsam gab Frau M. auch ihre Distanz zu Kindern wieder auf. Sie war nun 43 Jahre alt und wollte mit ihrem neuen Partner wieder ein Kind.

Ein halbes Jahr später wurde Frau M. schwanger. Zukunftspläne wurden gemacht, ein Haus sollte für die vergrößerte Familie gekauft werden. Ganz unerwartet bekam Frau M. Herzrhythmusstörungen und Atemprobleme. Die Ärzte konnten keine organischen Ursachen feststellen, sahen die Probleme aber im Zusammenhang mit der Schwangerschaft. Sie versicherten Frau M., daß sie sich keine Sorgen zu machen brauche. Doch die Beschwerden verschwanden nicht. Im fünften Monat hatte Frau M. eine Fehlgeburt. Sie erlitt einen Nervenzusammenbruch.

Nach einem längeren Kuraufenthalt kehrte Frau M. zu ihrem Mann zurück. Er empfand sie als verändert, als kühl und reserviert. Er beklagte sich bei ihr, daß sie sich völlig von ihm zurückgezogen habe, daß sie ihm keine Chance lasse, sie zu verstehen. Frau M. reagierte nicht auf diese Vorwürfe. Nach außen hin führten beide eine gute Ehe, doch sie verloren immer mehr den liebevollen Kontakt zueinander, der für sie bezeichnend gewesen war. Zwei Jahre später wurde die Ehe geschieden.

Einige Monate später mußte sich Frau M. einer Krebsoperation unterziehen. Sie kam in Kontakt mit einer Nachsorgegruppe für Krebspatienten, in der auch über seelische Probleme gesprochen wurde. Eine Teilnehmerin berichtete darüber, daß sie ihren Mann durch Krebs verloren hatte, daß sie ihn aber bis zu seinem Tode begleitet hatte, mit ihm über den Tod und das Sterben hatte sprechen können und nun in ihrer eigenen Erkrankung darin Trost fand. Schlagartig kam Frau M. zu Bewußtsein, daß sie sich nie richtig mit dem Tod ihrer Familie vor mittlerweile fast zehn Jahren auseinandergesetzt hatte. Ihr wurde auch klar, daß sie auch die Trauer über ihre Fehlgeburt und die Trennung von ihrem zweiten Mann mehr verdrängt als verarbeitet hatte. Sie bekam eine Ahnung von den möglichen Zusammenhängen. Ein Neurologe verwies sie an die Trauerberatungsstelle, wo Frau M. zehn Jahre nach dem Tod ihrer Familie begann, die lange vergangenen Ereignisse zu bearbeiten. Im Verlaufe der Therapie wurden ihr die Zusammenhänge zwischen dem Verlust ihrer Familie und den nachfolgenden Trennungssituationen deutlich. Sie begann zu verstehen, wie stark der lange zurückliegende Verlust dadurch, daß er nie richtig verarbeitet worden war, ihr gegenwärtiges Leben mitbestimmte, Beziehungen beeinflußte und möglicherweise sogar Krankheiten verursacht hatte. Sie setzte sich intensiv mit den Geschehnissen ihrer Vergangenheit auseinander und fand wieder Zugang zu verloren geglaubten Erinnerungen und Gefühlen. Sie gewann neuen Lebensmut und eine neue Zukunftsorientierung, die auf der Sicherheit basierte, daß sie die Augen vor den Ereignissen ihrer Vergangenheit nicht mehr länger zu verschließen brauchte.

Wie wirkt Trauer
auf die Gesundheit?

Streß

Der Tod eines nahestehenden, geliebten Menschen bedeutet nicht nur eine große psychische Belastung, sondern hat auch unterschiedliche direkte und indirekte Einflüsse auf den menschlichen Organismus. Wir bezeichnen im allgemeinen den körperlichen Ablauf, der beinhaltet, daß sich der Körper alarmiert fühlt und auf eine erhöhte Leistungsfähigkeit einstellt, als Streß. Vorgänge, die Streß auslösen können, sind nahezu unzählbar. Dazu gehören beispielsweise Kälte und Straßenlärm genauso wie Arbeitsbelastungen oder der Tod eines uns nahestehenden Menschen.

Zusätzlich zu der psychisch schweren Situation kurz nach dem Verlust des Ehepartners führen das extrem hohe Streß-Niveau sowie die Versuche des Körpers, damit fertig zu werden, zu einer Reihe von körperlichen Veränderungen, die unter Umständen gesundheitsschädigend sein können!

Nicht jede Art von Streß ist schädlich. Die Streß-Forschung unterscheidet zwischen „positivem" und „negativem" Streß. Positiven Streß erleben wir immer dann, wenn der Wechsel zwischen der erhöhten Leistungsbereitschaft und einer Entspannung gegeben ist, wie wir es von Rätselaufgaben, sportlichen Aktivitäten oder auch guten Kriminalromanen kennen.

Der Verlust des Ehepartners durch dessen Tod wird in der Streß-Forschung als das Ereignis im Leben eines Menschen eingeschätzt, welches das höchstmögliche Ausmaß an negativem Streß für die Betroffenen hervorruft.

Zusätzlich zu der psychisch schweren Situation kurz nach dem Verlust des Ehepartners führen das extrem hohe Streß-Niveau sowie die Versuche des Körpers, damit fertig zu werden, zu einer Reihe von körperlichen Veränderungen, die unter Umständen gesundheitsschädigend sein können! Die gesundheitlichen Risiken eines Partnerverlustes können sogar lebensbedrohlich sein: von Trauernden, die am „gebrochenen Herzen" sterben, wissen Volksmund und Dichtung schon seit langer Zeit!

Hormone

Auf die erhöhte Alarm- und Leistungsbereitschaft unter Streß-Einfluß reagiert unser *vegetatives Nervensystem* (das ist der Teil unseres Nervensystems, der selbständig und ohne unser Wollen, sozusagen „autonom", abläuft und beispielsweise für Atmung, Herzschlag und Verdauung zuständig ist), indem es vermehrt Hormone wie *Adrenalin* und *Kortison* ausschüttet, vermehrt Zucker und Fette ins Blut entläßt, Herzschlag und Blutdruck steigert, die Schweißproduktion verstärkt und Verdauungs- und Sexualfunktionen ausschaltet. Eine wichtige Rolle bei der Hormonproduktion im Zusammenhang mit Streß spielen die *Nebennieren.*

Die Nebennieren liegen über jeder der beiden Nieren. Eine ihrer wichtigsten Aufgaben ist die Hormonproduktion in Nebennierenrinde (hier werden Kortisone und Aldosterone produziert) und in Nebennierenmark (Adrenalin und Noradrenalin). Diese Hormone erfüllen vor allem die Aufgabe, unsere körperliche Leistungsfähigkeit zu verändern. Außerdem bestimmen sie mit, wie gut wir mit länger andauernden Belastungen zurecht kommen können

Im Zusammenhang mit der Trauer sind zunächst die *Kortisone* von Bedeutung, denn sie bremsen die Bildung von Antikörpern und schwächen damit unser *Immunsystem.*

Durch die Streßbelastung bei Trauernden wird in der Regel die Produktion dieser Kortisone deutlich erhöht.

Adrenalin und Noradrenalin führen zu den eigentlich typischen Alarmreaktionen des Körpers, die wir aus streßauslösenden Situationen kennen. Die Betreffenden können eine größere Luftmenge einatmen und der Körper wird mit mehr Sauerstoff versorgt. Das Herz schlägt kräftiger und schneller und versorgt alle Organe mit mehr Blut. Zusätzliche Energiereserven werden freigesetzt, die Konzentrations- und Reaktionsfähigkeit sind gesteigert und auch der Blutdruck steigt. Der gesamte Organismus ist in Abwehrbereitschaft.

Die veränderte Hormonproduktion unter großer Streßbelastung führt nicht nur zu erhöhter Alarm- und Abwehrbereitschaft des Körpers, sondern wirkt zugleich auf das menschliche Immunsystem ein.

Das Immunsystem

In jeder Sekunde unseres Lebens wird unser Körper von unzähligen Krankheitserregern — beispielsweise Viren und Bakterien — und Fremdstoffen angegriffen, die durch die Atmung, die Haut oder auch die Nahrungsaufnahme aufgenommen werden. Und in jeder Sekunde liefert sich unser Immunsystem mit diesen Krankheitserregern eine gigantische Schlacht, in deren Mittelpunkt nur eines steht: unsere Gesundheit.

Ohne unser Immunsystem, ohne diesen ständigen Kampf um unsere Gesundheit, könnten wir nicht existieren. Er ist lebensnotwendig. Wenn der Körper diesen Kampf einmal verliert, werden wir krank. Trauer schwächt aber die Fähigkeit unseres Körpers, mit den Krankheitserregern, die uns jeden Augenblick angreifen und bestürmen, fertig zu werden und sie unschädlich zu machen. Trauer untergräbt gleichsam unsere Immunabwehr und macht uns anfälliger für Krankheiten.

Der Körper verfügt zur Abwehr der Krankheitserreger über eine umfangreiche Verteidigungsarmee. Dazu gehören zunächst zwei Arten von Körperzellen: die größeren *Makrophagen* und die kleineren *Granulozyten*. Beide Zellen werfen sich geradezu auf eindringende Krankheitserreger und vernichten diese, indem sie sie „verschlucken". Während die Makrophagen die Erreger mit Hilfe von Enzymen auflösen, gehen die Granulozyten bei der „Feindabwehr" zugrunde. Aus diesem Grunde werden im Körper täglich rund 100 Milliarden Granulozyten neu gebildet.

Wenn Makrophagen und Granulozyten die eingedrungenen Krankheitserreger nicht hinreichend beseitigen können, kommen andere Abwehrkräfte zum Einsatz: die *T-Lymphozyten*. Jeder dieser T-Lymphozyten besitzt auf seiner Oberfläche eine Art individuellen Schlüssel, der in das dazu gehörige Schloß paßt, mit dem die verschiedenen Krankheitserreger ausgestattet sind. Die überwundenen Wachtposten, Makrophagen und Granulozyten, haben nämlich während ihres Abwehrkampfes Informationen über die „Eindringlinge" weitergegeben, so daß nun innerhalb kürzester Zeit die Zellen mit den passenden Schlüsseln produziert werden können und zur Stelle sind. Sie klinken sich in das Schloß der Krankheitserreger ein und produzieren sofort ihrerseits drei Arten von Helfern zu ihrer Unterstützung: die Helfer-T-Zellen, die Killer-T-Zellen und die Unterdrücker-T-Zellen. Nun beginnt ein wahrer Vernichtungsfeldzug der Körperabwehr. Die Killer-T-Zellen vernichten die Erreger, die sich bereits in Körperzellen eingenistet haben. Dies geschieht solange, bis die Unterdrücker-T-Zellen ihnen befehlen, damit aufzuhören, denn diese müssen darauf achten, daß nur körperfremde, nicht aber körpereigene Zellen im Eifer des Gefechtes zerstört werden.

Die Helfer-T-Zellen senden bei Bedarf Botensubstanzen aus und rufen damit auch noch die *B-Lymphozyten* zum Gefecht. Diese produzieren wiederum Plasmazellen, die vollkommen identisch mit der feindlichen Zelle sind und ihrerseits mithilfe der sogenannten Antikörper, die ja nun genau auf den Erreger zugeschnitten sind, die letzten Krankheitserreger zerstören können. Bei diesem Verlauf hat die Immunabwehr funktioniert, der Organismus bleibt gesund.

Die Funktionen des menschlichen Immunsystems beruhen auf einem außerordentlich komplizierten Zusammenspiel der unterschiedlichsten Hormone. Eine Veränderung des hormonellen Gleichgewichts kann daher auch zu Veränderungen der Immunabwehr führen.

Folgen für die Gesundheit

Die von der Nebennierenrinde bei großer Streßbelastung ausgeschiedenen Hormone wirken direkt und indirekt auch bei der Herstellung der verschiedenen T-Zellen, die für den endgültigen Sieg unseres Immunsystems über körperfremde Krankheitserreger dringend notwendig sind, mit. Unter Streß wird die Fähigkeit zu ihrer Herstellung — gleichsam als „Nebenwirkung" — vermindert. Sowohl die Killer-T-Zellen, die der direkten Abwehr von Krankheitserregern dienen, als auch die für deren weitere Bekämpfung wesentlichen Antikörper werden nur noch in eingeschränktem Ausmaß der körpereigenen Abwehr zur Verfügung gestellt. Eingedrungene Krankheitserreger können unter Umständen nicht adäquat bekämpft werden, wir erkranken infolge dieser Schwächung unseres Immunsystems, die Entzündungsfunktion wird gebremst, der Körper wird deutlich anfälliger für Infektionserkrankungen.

Den meisten Menschen ist dieser Zusammenhang zwischen Streßbelastung und Infektionskrankheiten vertraut: Ein normaler Schnupfen kommt nicht selten ausgerechnet nach Situationen größerer Belastung zum Ausbruch — ein Resultat der streßbedingten Schwächung unseres körpereigenen Immunsystems. Das extrem hohe Streß-Niveau eines Partnerverlustes aber kann das Immunsystem noch viel nachhaltiger schwächen. Bei soeben verwitweten Menschen kann statistisch ein deutlicher Anstieg von Infektionserkrankungen verzeichnet werden. Das erhöhte Risiko, in der ohnehin belastenden Situation zu erkranken, kann vor allem bei den Witwen und Witwern ernstere gesundheitliche Folgen haben, deren Gesundheit schon vor dem Verlust angegriffen war.

Eine extrem hohe Streßbelastung schwächt aber nicht nur das menschliche Immunsystem, sondern kann auch das *Herz-Kreislauf-System* beeinträchtigen. Die erhöhte Produktion von Kortison durch die Nebennierenrinde führt über die bereits beschriebenen Folgen hinaus auch zu einer *Erhöhung der Cholesterinwerte*. Darüber hinaus werden bestimmte „Transmitterstoffe", die *Katecholamine*, ebenfalls verstärkt produziert. Diese Katecholamine lösen bestimmte körperliche Reaktionen aus und dienen unter anderem dazu, die Gerinnungsfähigkeit des Blutes zu erhöhen. Ihre vermehrte Produktion kann daher auch zu erhöhtem Blutdruck führen. Die streßbedingte, gleichzeitige Steigerung von Cholesterinspiegel und Blutdruckwerten aber stellt eine besondere Belastung des Herz-Kreislauf-Systems dar und kann — vor allem bei bereits vorhandenen Schädigungen — das Risiko koronarer Herzkrankheiten deutlich erhöhen.

Unter dem Eindruck der extremen Streßbelastung, die der Tod des Ehepartners bedeutet, werden instinktiv zwei weitere körperliche Reaktionen ausgelöst, die wiederum schädigend vor allem auf das menschliche Herz einwirken können. Diese Reaktionen sind das „flight-fight-" und das „conservation-withdrawal"-System. Beide Systeme sind instinktive Versuche des Organismus, eine hohe Streßbelastung zu verarbeiten und werden wiederum durch eine Veränderung der Hormonproduktion ausgelöst. Das „flight-fight"-System könnte mit „Flucht- und Kampf-Reflex" übersetzt werden. Es bewirkt eine vorübergehende Steigerung der körperlichen Leistungsfähigkeit zum Teil über die normalen Leistungsgrenzen hinaus. Bei Tieren ermöglicht dieser Reflex es beispielsweise, mit äußerster Kraft vor einem Raubtier zu fliehen oder — anders herum — einer Beute nachzujagen. Auch bei Menschen bewirkt dieser Reflex die Mobilisierung der letzten körperlichen Leistungsreserven. Das „conservation-withdrawal"-System kann in der Übersetzung als „Totstell-Reflex" bezeichnet werden. Dieser instinktive Vorgang dient dazu, den Organismus möglichst ruhig zu halten und verleiht beispielsweise Tieren die Fähigkeit, bei Bedrohungen durch Raubtiere längere Zeit regungslos auszuharren, sich tot zu stellen.

Im Zustand des Schocks und unter der übermäßigen Streß-Belastung nach dem Tod eines geliebten Menschen scheinen beide beschriebenen Reflexe zugleich ausgelöst zu werden. Das Herz bekommt in dieser Situation sowohl die „Anweisung", so viel Energie wie möglich zur Verfügung zu stellen, und gleichzeitig so ruhig wie möglich zu sein! Dieses gleichzeitige Auftreten zweier völlig entgegengesetzter Reflexe kann auch bei gesunden Menschen zu vorübergehenden Herzrhythmusstörungen führen. Bei Menschen, die bereits vor dem Todesfall an einer koronaren Herzerkrankung litten, ist daher besondere Vorsicht geboten.

Indirekte Auswirkungen des Verlustes auf die Gesundheit

Außer den bereits beschriebenen, direkten Einwirkungen eines Todesfalles auf die Gesundheit der Hinterbliebenen gibt es weitere, indirekte Folgen. Die meisten Trauernden befinden sich — vor allem in der ersten Zeit kurz nach dem Tod des Ehepartners — in einer Stimmung tiefster Verzweiflung. In dieser Zeit sehen viele Witwen und Witwer keinen Sinn mehr in ihrem Leben. Eine derartige, bei Trauernden völlig normale und meistens nur vorübergehende Einstellung führt aber auch zu einer veränderten Einstellung ge-

genüber der eigenen Gesundheit. Viele Trauernde werden
— ohne dies bewußt zu wollen — gleichgültiger gegen sich
selbst. Sie leben *riskanter* und *weniger gesundheitsbewußt*
als vor dem Verlust. Sie rauchen mehr als vorher oder suchen vorübergehend Vergessen im Alkohol, fahren unvor-
sichtiger mit dem Auto, kümmern sich weniger um die Be-
handlung auftretender Krankheitssymptome usw. Der
äußerste Schmerz nach dem Verlust des geliebten Menschen
läßt die eigene Gesundheit, das eigene Wohlergehen häufig unwichtig und nebensächlich erscheinen. Dieses Verhalten bringt über die bereits beschriebenen gesundheitlichen
Risiken für Trauernde hinaus weitere Gefährdungen der Gesundheit mit sich.

Besondere Risiken
für die Gesundheit?

Die bereits beschriebenen gesundheitlichen Risiken nach dem Verlust eines geliebten Menschen sind nicht für alle Betroffenen gleich. Jeder Mensch reagiert anders auf schwere Lebenskrisen. Die Fähigkeit oder Unfähigkeit, Krisen zu bewältigen, ist bei jedem einzelnen Menschen anders ausgeprägt. Sie wird seit der frühesten Kindheit erlernt und ausgebildet. Darüber hinaus ist gerade bei Trauernden der Umfang und die Art der Unterstützung durch Familienangehörige oder Freunde und Nachbarn sehr wichtig. Ausreichende und wirksame Hilfe durch das soziale Umfeld kann einen sehr großen Einfluß auf jeden Trauerverlauf haben und die Trauer wirksam erleichtern. Dennoch können trotz aller psychologischer Forschungsarbeiten über die Trauer kaum verbindliche und zutreffende Voraussa-

Jeder Mensch reagiert anders auf schwere Lebenskrisen.

gen über den Verlauf der Trauer in Einzelfällen gemacht werden. Es gelang aber in verschiedenen wissenschaftlichen Untersuchungen über Trauer und Trauernde, bestimmte *Risikogruppen* herausfinden, bei denen die Möglichkeit bzw. Gefahr eines sehr komplizierten oder auch langwierigen Trauerverlaufs besonders groß ist und die möglicherweise besonderer Beachtung und Unterstützung bedürfen. Viele Fälle, in denen einer oder auch mehrere der genannten Risikofaktoren vorliegen, können dennoch mit einem vollkommen normalen und wenig bemerkenswerten Trauerverlauf einhergehen. Die aufgeführten Risiken sind daher lediglich statistisch ermittelte Anhaltspunkte für Angehörige und Freunde Trauernder, um auf möglicherweise besonders dringend notwendige Unterstützung und Rückhalt hinzuweisen.

Der plötzliche Tod

Jeder unerwartete Tod stellt eine besonders große Belastung dar. Alle Untersuchungen über die Verschiedenheit von Trauerverläufen ergaben übereinstimmend, daß Hinterbliebene, deren Partner plötzlich und unerwartet starben, besonders lange und schmerzhaft trauern. Diesen Trauernden fällt es besonders schwer, die Realität des Todes zu akzeptieren. Der Widerspruch zwischen der rationalen Einsicht des erwachsenen Menschen, daß der Partner tot ist, und dem mächtigen, die ganze Psyche beeinflussenden Gefühl, daß dies nicht wahr sein kann, ist bei Trauernden nach unerwartetem Tod besonders kraß. Trauernde, deren Partner nicht überraschend starben, sondern beispielsweise nach einer längeren, schweren Krankheit, trauern deshalb aber nicht weniger um den geliebten Menschen. Dennoch bestand für sie oft die Möglichkeit der emotionalen Vorbereitung. Sie waren mehr oder weniger stark gezwungen, sich mit der furchtbaren Realität über einen längeren Zeitraum hinweg bereits auseinanderzusetzen. Die Schockwirkung ist nach einer solchen „Vorbereitung", d. h. nach häufigerem Nachdenken über das Leben nach dem erwarteten Ereignis, weniger überwältigend. Darüber hinaus scheint es bei Paaren, die von dem bevorstehenden Tod eines Partners wissen, häufig zu einer deutlichen Verbesserung der Beziehung vor dem Tod und einer starken emotionalen Annäherung zu kommen. Dies kann den Hinterbliebenen auch nach dem Tod noch einen gewissen emotionalen Rückhalt und Trost in ihrer nicht weniger schweren Lage bieten.

Die besonderen Probleme, die ein plötzlicher, unerwarteter Tod mit sich bringen kann, sind aber nicht auf den überraschenden Eintritt des furchtbaren Geschehens beschränkt. Die bei einem plötzlichen Tod oft typischen Todesursachen sind häufig Unfälle, unerwartete, überraschende Krankheiten (etwa Herzinfarkt), Gewaltverbrechen, aber auch Selbstmord. Solche und andere Todesumstände erschweren normalerweise die Trauer, da die Trauernden nicht nur den Verlust des geliebten Menschen verarbeiten müssen, sondern darüber hinaus auch noch die mitunter grausamen und nur schwer zu ertragenden Einzelheiten des Todes bewältigen müssen. Eher auffällige, mitunter spektakuläre Todesarten und -umstände sind statistisch bei jüngeren Menschen sehr viel häufiger anzutreffen als bei älteren Menschen. Ältere Menschen verlieren ihre Lebenspartner bzw. Lebenspartnerinnen häufiger durch längere Krankheiten, der Tod kommt viel seltener unerwartet. Bei jüngeren Trauernden aber tritt als zusätzliches Erschwernis der Tod oft gegen alle Lebenslauf„regeln", Hoffnungen und Erwartungen „zu früh" ein. Darüber hinaus sind bei bestimmten Gruppen von Trauernden, wie zum Beispiel im Fall jüngerer Witwen mit kleineren Kindern, nicht selten besonders schwierige Bedingungen etwa durch zusätzliche finanzielle Probleme u.a.m. zu finden.

Vorher bestehende gesundheitliche Risiken

Alle Belastungen, die der Verlust eines geliebten Menschen für die Gesundheit der Hinterbliebenen mit sich bringt, gefährden besonders die Trauernden, deren Gesundheit bereits vor dem Verlust angegriffen war. Sie sind durch das erhöhte Infektionsrisiko, die Belastungen des Herz-Kreislauf-Systems und den häufig vorübergehend eher nachlässigen Umgang mit der eigenen Gesundheit besonderen gesundheitlichen Risiken ausgesetzt. Erschwerend kommt das oft vorherrschende Gefühl der Sinnlosigkeit und der Hoffnungslosigkeit hinzu. Gerade diese Trauernden, die besonders behutsam und vorsichtig mit sich selbst und ihrer Gesundheit umgehen müßten, wissen oft nicht, warum sie das noch machen sollten und verhalten sich eher gleichgültig.

Partnerverlust durch Selbstmord

Trauernde, deren Partner durch Selbstmord gestorben sind, sind in fast jedem Fall eine besonders problembeladene Gruppe. Sie sind häufig mit mehreren, zusätzlichen, über die Trauer um den Verlust hinausgehenden Schwierigkeiten zugleich konfrontiert. Zunächst leiden die Betroffenen nicht selten unter großen Schuldgefühlen. Sie fragen sich ständig, ob sie den verzweifelten Schritt ihrer verstorbenen Partner möglicherweise hätten verhindern können oder gar ausgelöst haben. Sie leiden darüber hinaus unter einer weitgehenden gesellschaftlichen Stigmatisierung, da der Selbstmord bei uns in der Regel nicht als zulässiges Verhalten erwachsener Menschen gesehen wird. Sie empfinden den Tod ihres Partners oder ihrer Partnerin als einen Makel, der auch ihnen anhaftet. Sie haben vor allem häufig Angst, über ihre besonders schwere Situation mit anderen Menschen zu reden. Auf der anderen Seite wird von Verwandten oder Freunden mitunter ebenfalls ein Netz des gegenseitigen Verschweigens aufgebaut: „Darüber spricht man nicht!" Diese meist gutgemeinte, vermeintliche Rücksicht aber macht es den Trauernden fast unmöglich, über das zu sprechen, was sie oft am stärksten belastet. Aus diesem Grunde bedürfen normalerweise Trauernde nach einem Selbstmord des Partners grundsätzlich besonderer Unterstützung, die so schnell wie möglich nach dem Todeszeitpunkt einsetzen sollte.

Wie kann Trauernden geholfen werden?

Viele Menschen haben große Schwierigkeiten im Umgang mit soeben verwitweten, trauernden Verwandten, Freunden, Nachbarn oder Bekannten. Der Kontakt mit ihnen ist unangenehm und vor allem ungewohnt. Die Zeiten, in denen bis in Wortlaut und Kleidung hinein verbindliche Regeln der Trauer, des Kondolierens und des Umgangs mit Trauernden existierten, sind lange vergangen. Heute ist im Umgang mit Trauer und Trauernden das vorherrschende Gefühl eine tiefgreifende Unsicherheit und Befangenheit. Hinter diesen Schwierigkeiten verbergen sich oft die eigene Angst und Unsicherheit dem Tod gegenüber, aber auch die Befürchtung, mit nicht auszuhaltenden, starken Emotionen konfrontiert zu werden. Diese Gefühle aber empfinden soeben verwitwete Personen nicht weniger stark. Auch ihnen fehlen oft verläßliche Orientierungshilfen in ihrer schweren Situation, sie suchen oft verzweifelt nach Hinweisen, wie sie „richtig trauern" können.

In ihrer sehr labilen Situation brauchen Trauernde keine Demonstrationen zweifelhafter Souveränität und Stärke, sondern Zuneigung und emotionale sowie praktische Unterstützung.

In dieser sehr labilen Situation brauchen sie keine Demonstrationen zweifelhafter Souveränität und Stärke, sondern Zuneigung und emotionale sowie praktische Unterstützung. Die einfachste „Regel", wie Sie soeben Verwitweten am besten helfen können, heißt: Bemühen Sie sich um Offenheit. Falls Sie unsicher sind, wie Sie mit Trauernden umgehen sollten, können Sie dies sagen. Auch Trauernde empfinden ihre eigene Situation nicht als normal. Weiterhin können Sie signalisieren: „Ich sehe, daß es Dir schlecht geht. Ich mag Dich, und ich möchte Dir helfen. Du kannst auf meine Unterstützung zählen." Sie können allerdings nicht in jedem Fall mit dankbaren „Objekten" Ihrer Hilfsbereitschaft rechnen! Trauernde entwickeln mitunter kaum nachvollziehbare Wut auf andere. Diese sind nur selten wirklich gemeint, die Wut dient eher als Ventil für angestaute Gefühle der Ohnmacht und der Verzweiflung.

Eine wirksame Unterstützung Trauernder setzt voraus, daß zumindest einiges Wissen über die Formen und den Verlauf der Trauer vorhanden ist. Der Ablauf der Trauer ist in den ersten Abschnitten dieses Ratgebers beschrieben. Auf den folgenden Seiten geben wir eine grobe Übersicht über die vielen verschiedenen Formen und Phänomene der Trauer.

Übersicht: Formen der Trauer

Fast jeder Mensch trauert anders. Die für helfende und unterstützende Verwandte oder Freunde oft wichtige Entscheidung, welche Formen der Trauer unter Umständen die Trauernden überfordern und schädlich sein können, kann nicht allgemeingültig getroffen werden. In jedem einzelnen Fall muß neu überlegt werden, ob bestimmte Verhaltensweisen nützlich sind und unterstützt werden sollten, oder ob sie den Schmerz und das Leiden noch zusätzlich verstärken können.

Obwohl die Trauer sehr unterschiedliche Formen annehmen kann, wird auf den folgenden Seiten ein Überblick über eine Reihe typischer Gefühle, Einstellungen, Verhaltensweisen usw. gegeben, die mehr oder weniger stark an verschiedenen Verläufen der Trauer beteiligt sein können. Sie sind zum Teil — gemessen an unseren Alltagserfahrungen — ungewohnt und erscheinen mitunter „merkwürdig". Allen genannten Gefühle, Verhaltensweisen und Einstellungen aber ist eins gemeinsam: Sie können Bestandteile eines normalen Trauerverlaufs sein. Die dargestellten Aspekte der Trauer sind natürlich nicht vollständig. Sie sollen dennoch dabei helfen, Ihnen, die als Verwandte, Freunde, oder auch als Nachbarn vielleicht zum erstem Mal mit Trauernden konfrontiert sind und sich nicht von diesen zurückziehen wollen, einen Eindruck davon zu vermitteln, was Trauer ist, welche vielfältigen Formen sie annehmen kann und was in verschiedenen Situationen zu berücksichtigen ist. Falls in Einzelfällen auftretende Verhaltensweisen und Reaktionen Trauernder nicht aufgeführt werden, bedeutet das daher keineswegs, daß diese nicht normal oder schädlich sind. Eine erschöpfende Darstellung der möglichen und auftretenden Trauerformen und -reaktionen würde jedoch den Rahmen eines Ratgebers sprengen.

Allgemein müssen alle in der Zeit der Trauer auftretenden Verhaltensweisen und Einstellungen als schädlich für die Trauernden bezeichnet werden, die zusätzliche, über den Schmerz des Verlustes hinausgehende Belastungen bedeuten. Dabei können die gleichen Handlungen bei verschiedenen Trauernden völlig entgegengesetzte Bedeutungen annehmen. Viele Trauernde, insbesondere Witwen, besuchen beispielsweise sehr häufig die Gräber der Verstorbenen. Häufig führen sie dort Gespräche mit den Verstorbenen, erzählen den vormals Geliebten von ihrem Leid, aber auch von der langsam abklingenden Trauer oder ganz alltäglichen Dingen.

In den meisten Fällen ist dieses Verhalten ein normaler und hilfreicher Bestandteil der Trauer. Es gibt jedoch auch Fälle, in denen — fast zwanghaft — die Friedhöfe in einem Ausmaß besucht werden, daß ein normales Alltags- und Sozialleben weitgehend verhindert wird. Dies geht meist mit dem Umstand einher, daß die Besuche der Gräber nicht als beruhigend oder entspannend empfunden werden, sondern immer wieder von neuem den größten Schmerz auslösen. Dieses hier als Beispiel beschriebene Verhalten ergibt demnach eine zusätzliche Belastung und erschwert einen normalen Verlauf der Trauer.

Die Gefühlslage Trauernder

Das vorherrschende Gefühl Trauernder ist natürlich Traurigkeit. Sie befinden sich meist in mehr oder weniger *depressiven Stimmungen,* bis hin zu einem Zustand tiefer Verzweiflung. Diese Verzweiflung kann Trauernden leider niemand abnehmen, da ihr Grund, nämlich der endgültige Verlust eines geliebten Menschen, nicht rückgängig gemacht werden kann. Andererseits ist aber gerade das Gefühl der Verzweiflung ein wichtiger Bestandteil der „Trauerarbeit", da es dazu beiträgt, die Wirklichkeit des Verlustes und dessen Unwiderruflichkeit, die nur Schritt für Schritt begriffen werden, zu unterstreichen.

Die depressiven Stimmungen Trauernder treten nicht selten wellenförmig auf. Sie wechseln mit Stimmungen relativer „Gleichgültigkeit", mitunter auch mit scheinbar „normalen", gar nicht so traurigen Gefühlen. Sie erscheinen anderen, denen die Trauer nicht vertraut ist oder die selbst noch keine schweren Verluste nahestehender Menschen erleben mußten, daher nicht selten als „launig" und in ihrer Stimmung unberechenbar. Dennoch ist diese wellenförmige depressive Stimmung typisch für viele Trauernde. Sie erschwert Trauernden zudem die Suche nach Hilfe, falls diese notwendig erscheint: In einer Phase zutiefst depressiver Stimmung ist zwar der Schmerz besonders stark und demnach auch das Bedürfnis nach Unterstützung und Trost, doch kann diese Traurigkeit auch die aktive Suche nach Hilfe vorübergehend verhindern. Nach dem Durchleben dieses Stimmungstiefs aber wäre es den Trauernden zwar möglich, aktiv zu werden und andere um Unterstützung zu bitten, dies erscheint ihnen aber nun nicht mehr so notwendig, das Leiden ist vorübergehend nicht mehr gar so mächtig.

Ein anderes, einen großen Teil der Trauer vieler Hinterbliebener ausfüllendes Gefühl ist *Angst*. Da ist zunächst, kurz nach dem Verlust, die Angst, von dem furchtbaren Ereignis überwältigt zu werden, zusammenzubrechen. Oft setzt diese Angst vor dem Zusammenbruch noch vor dem ersten wirklichen Verstehen des Geschehens ein, kündigt dieses Verstehen erst an. Darüber hinaus haben viele Trauernde große Angst davor, verrückt zu werden, den Verstand zu verlieren, oder auch nur von anderen für verrückt gehalten zu werden. Dies ist eine Folge der oft beunruhigenden Erfahrungen, die Trauernde machen. An anderer Stelle wurde zum Beispiel beschrieben, daß Halluzinationen, die Wahrnehmung der Verstorbenen zuhause, Gespräche mit ihnen usw. normale Bestandteile der Trauer sind. Dennoch sind solche Erfahrungen vielen Trauernden vor allem dann fremd und unheimlich, wenn sie — etwa als jüngere Erwachsene — zum ersten Mal den Tod eines ihnen nahestehenden, geliebten Menschen erleben müssen. Ihre eigene Trauer erscheint ihnen als ein unheimlicher, dem oft rationalen Selbstverständnis unserer Gegenwart widersprechender Vorgang. Wieviel schwerer ist es ihnen aber erst, diese beunruhigenden Erfahrungen nicht für sich zu behalten, in sich hineinzufressen, sondern sie anderen mitzuteilen!

Der Tod des Ehepartners kann auch die Angst vor dem eigenen Tod aktivieren. Das Eingreifen des sonst so gründlich vergessenen und verdrängten Todes in den engsten Lebenskreis erinnert mitunter auch an die Endlichkeit des eigenen Lebens. Schließlich empfinden viele Trauernde eine nur zu begründete Angst, allein zu sein. Sie wissen oder spüren, daß durch den Tod ihres Partners oder ihrer Partnerin auch ein Teil ihres eigenen Lebens verlorengegangen ist. Sie müssen täglich erfahren, welche wichtige Bedeutung die Verstorbenen selbst in den kleinsten Details des Alltags hatten. Hinter diesen Empfindungen steht das Gefühl, verlassen worden zu sein, hilflos und alleine zurückzubleiben.

Ein weiterer Bestandteil sehr vieler Trauerverläufe sind *Schuldgefühle* und heftige *Selbstanklagen*. Fast alle Trauernden berichten von Dingen, die sie zu Lebzeiten ihrer Partner oder Partnerinnen versäumt haben, falsch gemacht haben, diesen angetan haben. Diese Schuldgefühle haben aber nur in den wenigsten Fällen eine realistische Grundlage. Sie sind oft Ausdruck eines schlechten Gewissens, weil die Trauernden glauben, angesichts des Todes des Partners nicht weiterleben zu dürfen. Sie verdecken aber auch oft ein ganz anderes Gefühl: *Wut auf die Verstorbenen!* In jeder Trauer um einen geliebten Menschen ist auch Wut auf ihn enthalten, selbst wenn diese Wut uns nicht immer bewußt wird. Diese Wut hat nichts mit dem wirklichen Tod zu tun, sondern ist eine aus der frühesten Kindheit erhaltene Reaktion auf das Verlassenwerden. Unabhängig vom menschlichen Willen bedeutet jeder Tod für die Hinterbliebenen auch, verlassen worden zu sein. Sie werden alleine zurückgelassen, ihnen wurde ein wichtiger Teil ihres Lebens genommen. So verständlich und normal auch eine mitunter wütende Reaktion gegenüber den Verstorbenen ist, so schwer ist es für die Trauernden, diese Wut sich selbst und erst recht anderen gegenüber einzugestehen. Sehr häufig wird dieser wütende Impuls verdrängt, der in Wirklichkeit doch nur eine allzu menschliche Reaktion ist.

Ein anderes Ventil für die nichtzugelassene Wut auf die Verstorbenen können auch andere Menschen sein. Trauernde werden nicht selten als unverständlich aggressiv und wütend erlebt. Mitunter grundlos und für niemanden nachvollziehbar richten sie ihren Zorn auf Bestatter, Priester, Ärzte und andere Menschen, die in irgendeinem Zusammen mit ihnen oder den Verstorbenen stehen. Das bedeutet nicht, daß im Zusammenhang mit dem Tod eines Menschen nicht auch die Frage nach wirklicher Schuld und Verantwortlichkeit bedeutsam sein kann. Bemerkenswert aber ist, daß oft Wut und Zorn ohne wirklichen Anlaß entwickelt werden. Diejenigen, denen diese heftigen Gefühle — für sie unverständlich — entgegengebracht werden, sind dann oft überrascht und ratlos. Gerade Menschen, die Trauernden in ihrer Umgebung helfen wollen, können durch manchmal als launisch und ungerecht erlebte Trauernde, denen es niemand recht machen kann, verunsichert werden. Sie wissen nicht, daß diese Wut eigentlich nicht gegen diejenigen gerichtet ist, gegen die sie vorgebracht wird. Wut und Zorn dienen letztlich in den meisten Fällen nur als ein Ventil für das Gefühl ohnmächtiger Verzweiflung angesichts des oft als ungerecht und unverdient empfundenen Leidens.

Die Trauer um einen geliebten Menschen kann für längere Zeit alle üblichen Einstellungen und Verhaltensweisen verändern.

Die Trauer um einen geliebten Menschen kann für längere Zeit alle üblichen Einstellungen und Verhaltensweisen verändern. Der Sinn des eigenen Lebens, aber auch Sinn und Nutzen der verschiedensten privaten und beruflichen Tätigkeiten sind in Frage gestellt. Sehr häufig fällt bei Trauernden eine anhaltende *Antriebs- und Interessenlosigkeit* auf. Auch diese Regung ist verständlich und völlig normal.

Das Verhalten Trauernder

Das Verhalten Trauernder ist insbesondere in der ersten Zeit nach dem Todesfall durch eine umfassende Betäubung gekennzeichnet. Sie erscheinen nicht selten wie gelähmt, nicht nur ihre Reaktionen, sondern auch ihre Wahrnehmungen scheinen beeinträchtigt zu sein. Im Abschnitt über den Schock wurde beschrieben, warum dieses Gefühl der Betäubung eine normale Abwehrreaktion gegen den zunächst übergroßen Schmerz ist. Häufig geht der betäubte Eindruck nach einiger Zeit in einen Zustand umfassender Erschöpfung über.

Ein vor allem in den ersten Tagen und Wochen nach dem Verlust vorherrschendes Merkmal bei vielen Trauernden ist mehr oder weniger *heftiges Weinen.* Es tritt oft krampfartig, wie in Anfällen auf. Das Weinen wirkt keineswegs in jedem Fall „befreiend", sondern kann zu weiterer Erschöpfung führen. Mitunter wechselt es zu einem Gefühl innerer Leere über.

Tiefe Trauer beeinflußt auch die Leistungsfähigkeit Trauernder. Das Denken erscheint verlangsamt, die Konzentrationsfähigkeit ist meistens stark beeinträchtigt. Dieser Zustand kann sich über einen längeren Zeitraum hinweg erstrecken.

Trauernde zeigen mitunter ein auffällig rastloses Verhalten. Sie agieren mehr oder weniger zielgerichtet, manchmal ohne Sinn und Zweck. Hinter dieser Rastlosigkeit ist oft die Suche nach dem verlorenen Partner bzw. der Partnerin verborgen. Die Endgültigkeit des Verlustes wird zwar gewußt, diese Erkenntnis ist aber noch nicht bis zu den Gefühlen vorgedrungen. Die Trauernden verhalten sich so, als sei ein Teil von ihnen noch davon überzeugt, die Verstorbenen jeden Augenblick wiederfinden zu können.

Veränderungen der Persönlichkeit

Das vorherrschende Gefühl bei den meisten Trauernden ist eine tiefe *Hilf- und Hoffnungslosigkeit.* Das Gefühl, etwas Unwirkliches zu erleben, es nicht selbst zu sein, dem der schlimme Verlust widerfährt, bewirkt meistens eine deutliche Verringerung des Selbstbewußtseins. *Resignation* und *Mutlosigkeit* können typische Bestandteile der Trauer sein.

Gleichzeitig können Trauernde wachsende Probleme im Umgang mit anderen Menschen haben, auch dann, wenn diese ihnen gegenüber freundschaftlich und hilfsbereit auftreten. Dies wird zum einen durch einen gewissen Neid hervorgerufen. Häufig steht die Frage unausgesprochen im Raum: Warum mußte ich dieses Schicksal erleiden und nicht jemand anders? Darüber hinaus kann die Empfindung von

Hilflosigkeit und verminderter Leistungsfähigkeit auch die Angst steigern, von anderen abhängig zu sein, übervorteilt zu werden usw. Ein weiteres Problem ist schließlich der für die Trauer normale und typische rasche Wechsel verschiedener, zum Teil völlig entgegengesetzter Stimmungen.

Das Denken und Fühlen vieler Trauernder ist aber über einen längeren Zeitraum in erster Linie mit den Erinnerungen an die Verstorbenen ausgefüllt. Dabei können sehr verschiedene, vielfältige Einstellungen und Erinnerungen zugleich nebeneinander existieren. Zunächst besteht eine ausgesprochen starke Sehnsucht nach der Rückkehr der Verstorbenen. Diese kann übergehen in Imitationen bestimmter Verhaltensweisen oder Angewohnheiten der Verstorbenen. Häufig werden die betrauerten Partner für längere Zeit idealisiert, das heißt in der Erinnerung verklärt und überhöht. Lange Zeit kann so ein verzerrtes, unrealistisch positives Bild die Trauer beherrschen.

Trauernden zu helfen sollte eine bewußte Entscheidung der helfenden Personen sein.

Hilfe für Trauernde

Trauernden zu helfen sollte eine bewußte Entscheidung der helfenden Personen sein. Niemandem ist damit gedient, wenn Verwandte oder Bekannte sich selbst in Helferrollen drängen oder drängen lassen, die sie im weiteren nicht ausfüllen können oder wollen. Trauernde können und müssen aufgrund ihrer besonders schweren Situation hohe Ansprüche an andere Menschen stellen. Es ist für einen möglichst günstigen Trauerverlauf wichtig, auch gelegentlich anderen „auf den Nerv zu

Trauernde können und müssen aufgrund ihrer besonders schweren Situation hohe Ansprüche an andere Menschen stellen.

gehen", Ansprüche zu stellen usw. Wichtig für alle helfenden Freunde und Verwandte ist daher, einerseits diese Belastungen wahrzunehmen und auch tragen zu wollen, andererseits aber auch die eigenen Grenzen wahrzunehmen und mitzuteilen.

In psychologische Untersuchungen über den Verlauf der Trauer konnten einige Faktoren ermittelt werden, die auf einen ungünstigeren Verlauf der Trauer hinweisen können. Insbesondere beim Zusammentreffen mehrerer Faktoren ist für alle helfenden Freunde und Verwandten Vorsicht und Aufmerksamkeit geboten, bedürfen die Trauernden besonderer Unterstützung:

Ein *plötzlicher, unerwarteter Tod* stellt immer eine besonders schwere Belastung für die Hinterbliebenen dar. Dies gilt umso mehr, wenn der Tod unter besonders traumatisierenden Bedingungen eintrat (extrem schwerer Unfall, Gewaltverbrechen, Selbstmord usw.).

Menschen, die ihren Partner durch Suizid verloren haben, bedürfen in der Regel besonderer Unterstützung. Sie fühlen sich nicht selten durch den Selbstmord stigmatisiert und ausgegrenzt. Sie sehen sich oft gezwungen, anderen den Selbstmord zu erklären. Sie leiden häufig unter starken Schuldgefühlen („Hätte ich es verhindern können?"). In diesen Fällen ist es sehr wichtig, sofort zu helfen und deutliche emotionale Unterstützung zu gewähren.

Trauernde mit bereits vor dem Todesfall bestehenden *Beeinträchtigungen der körperlichen, aber auch der psychischen Gesundheit* leiden besonders stark unter den organischen und psychischen Folgen des Verlustes.

Jüngere Witwen, vor allem mit kleineren Kindern, unterliegen besonderen Belastungen. Bei ihnen scheint der Zusammenbruch der alltäglichen Routine besonders gravierend zu sein. Darüber hinaus kann ihre Situation zusätzlich durch finanzielle Sorgen erschwert werden.

Festtage und Erinnerungstage sind für die meisten Trauernden besonders schwierige Zeiten. Das erste Weihnachtsfest, das erste Silvester ohne den Partner, dessen Geburtstagsdatum ebenso wie der erste Jahrestag des Todes sind Termine, an denen der Schmerz und die Trauer noch einmal besonders stark hervortreten. Bei diesen Anlässen ist es wichtig für Trauernde, Rückhalt und Unterstützung durch Freunde und Verwandte zu erfahren.

Witwer scheinen auf den ersten Blick häufig „leichter" zu trauern als Witwen. Sie bewältigen ihre Trauer aber keinesfalls besser oder gar schneller als Witwen, sondern sind offensichtlich nur besser in der Lage, schnell wieder den Anschein von Normalität nach außen hin zu erwecken. Witwer sind eher als Witwen bereit, im Freundes- und Verwandtenkreis nach Hilfe zu fragen. Dabei suchen sie aber weniger emotionale Unterstützung und Trost, als vielmehr praktische Unterstützung (d.h. „Ersatz" für die alltäglichen Funktionen der verstorbenen Ehefrau). Auch die angebotene Hilfe ist oft eher alltagspraktisch ausgerichtet.

Im langen Verlauf der Trauer kann es vorkommen, daß Trauernde sich auch von wohlwollenden Freunden und Helfern zurückziehen. Dies sollte niemand, der sich helfend und unterstützend mit Trauernden befaßt, als Ablehnung auffassen. Durch den Tod des Ehepartners werden die Hinterbliebenen ja vor die Aufgabe gestellt, fast ihr gesamtes Leben neu organisieren zu müssen. Insbesondere Witwen fühlen sich nach einiger Zeit der Trauer in der Gesellschaft befreundeter Paare nicht selten als „fünftes Rad am Wagen". So groß auch die Hilfe war, die sie im Einzelfall erhalten haben: Der andauernde enge Umgang mit Paaren, mit denen freundschaftliche Beziehungen bereits vor dem Todesfall bestanden, ist für viele Trauernde eine große Belastung. Nicht selten kommt es daher im Verlauf der Trauer zu einem beiderseitigen Rückzug, der aus der beschriebenen Situation heraus auch verständlich ist.

Ein wichtiger Bestandteil der vollständigen Verarbeitung eines Verlustes ist der *Wiederaufbau bzw. die Neukonstruktion sozialer Kontakte* bis hin zu neuen Partnerbeziehungen. Dabei kommen naturgemäß auch und gerade die Erfahrungen aus der Zeit der schweren Krise nach dem Tod des Partners bzw. der Partnerin zum Tragen. Es kann im Einzelfall die nur schwer verständliche Situation eintreten, daß Trauernde sich nach dem langsamen Abklingen ihrer Trauer auch von den Freunden zurückziehen, die ihnen über einen langen Zeitraum hinweg die wirksamste Hilfe geboten haben.

Dies darf nicht als „Undankbarkeit" mißverstanden werden. Für viele Trauernde ist es auch Jahre nach dem Tod des Partners nur schwer erträglich, weiter eng mit Menschen befreundet zu bleiben, die entweder bereits gemeinsame Freunde vor dem Todesfall waren oder die gesamte Zeit der Trauer und des Leids miterlebt haben. So schwer verständlich dieses Verhalten im Einzelfall auch sein kann: Das Ende der Trauer ist nicht nur ein „Wiedererwachen", sondern fast immer auch der Anfang eines neuen, veränderten Lebens. Die Trauernden sind nicht mehr die gleichen Personen, die sie vorher waren. Sie können sich sehr umfassend verändert haben. Dieses Geschehen sollte kein Anlaß zur Enttäuschung sein, sondern Anlaß zur Freude aller Beteiligten darüber sein, daß ein immer noch wichtiger und nahestehender Mensch eine schlimme Lebensphase nun überstanden hat.

Trauer bei Kindern

Eine häufig auftauchendes Problem im Zusammenhang mit dem Tod eines Familienmitgliedes ist der Umgang mit Kindern. In welchem Ausmaß sollen oder dürfen sie über den Tod informiert werden? Wie soll mit ihnen über den Tod gesprochen werden? In welchem Alter sind sie überhaupt in der Lage zu verstehen, was der Tod bedeutet?

Innerhalb der Entwicklungspsychologie existiert keine Übereinstimmung darüber, wann bei Kleinkindern Trauerreaktionen einsetzen können. Für einen Säugling ist beispielsweise jede länger andauernde Trennung von der Mutter (oder einer anderen wichtigen Bezugsperson) schmerzhaft und problematisch. Dennoch können erste Trauerreaktionen auf den andauernden Verlust eines Elternteils irgendwann in der Altersspanne zwischen sechs Monaten und zwei Jahren beobachtet werden. Ab diesem Zeitpunkt empfinden Kleinkinder deutlichen Trennungsschmerz und trauern um den verlorenen Elternteil. Dieser Trennungsschmerz ist allerdings weitgehend gefühlsabhängig, die psychologische Forschung geht davon aus, daß Kleinkinder in diesem Alter noch kein „intellektuelles" Konzept des Todes entwickelt haben und die wirkliche Bedeutung von „Tod" noch nicht verstehen können.

Die praktische Folge dieses Nichtverstehens kann allerdings nicht darin bestehen, den Tod vor Kleinkindern zu verheimlichen! Umschreibungen wie „Deine Mama ist im Himmel" oder „Dein Papa ist weit weg verreist" nützen keinem Kleinkind, sondern schaden vielmehr in der späteren Entwicklung der Trauerfähigkeit. Verharmlosende Erklärungen über den Tod eines Elternteils können schnell dazu führen, daß Kinder wirklichkeitsferne Mythen über die Abwesenheit des verstorbenen Elternteils entwickeln, die ihnen bis in ihr Erwachsenenleben hinein den Umgang mit weiteren Todesfällen stark erschweren können. Auch sehr kleine Kinder sollten über den Tod informiert werden und so die Möglichkeit erhalten, im Verlauf ihrer weiteren Entwicklung eine realistische Vorstellung vom Tod zu gewinnen.

Auch sehr kleine Kinder sollten über den Tod informiert werden und so die Möglichkeit erhalten, im Verlauf ihrer weiteren Entwicklung eine realistische Vorstellung vom Tod zu gewinnen.

Im Alter von zwei bis fünf Jahren können Kinder den Tod begreifen und nachvollziehen. Kinder in diesem Alter zeigen deutliche Trauerreaktionen, die aber Erwachsenen nicht selten unangemessen erscheinen. Die kindliche Trauer tritt oft nur in kurzen Phasen zu Tage, um sehr schnell wieder mit fröhlichen Stimmungen zu wechseln. Ein wichtiger Bereich, in dem Kinder trauern, ist ihr Spiel. Der Tod und das Verschwinden, aber auch die fantasierte Wiederkehr des verstorbenen Elternteils sind typische Spielinhalte. Darüber hinaus sind Kinder häufig nicht gerade „pietätvoll" in ihrer Trauer. Sie äußern nicht selten ihre Gefühle — die auch erwachsene Trauernde empfinden können, aber kaum auszusprechen wagen — von Wut auf die Verstorbenen, die sie ja allein zurückgelassen haben. Kinder werden auch zornig, weil sie bemerken, wie traurig und verletzt der zurückbleibende Elternteil ist, oder sie sind wütend über dessen Trauer, weil diese zwischen ihnen und dem Elternteil steht. Ein sachlicher und kindgerechter Umgang mit dem Tod eines Elternteils ist für die meisten Trauernden keine einfache Aufgabe. Die eigene Trauer und der tiefe Schmerz des verwitweten Elternteils über den eigenen Verlust überfordern diesen meist bei dieser Aufgabe. Gerade Trauernde mit kleineren Kindern sind daher dringend auf die Unterstützung naher Freunde oder Verwandter angewiesen.

Untersuchungen amerikanischer Psychologen haben ergeben, daß Kinder den Tod eines Elternteils leichter verstehen und bewältigen können, wenn sie bereits vorher Erfahrungen mit dem Tod eines anderen, ihnen nicht ganz so nahe stehenden Menschen machen konnten! Das bedeutet, daß Kinder von keinem Todesfall ausgeschlossen werden sollten! Die einzig „richtige", d.h. den Kindern und ihrer Entwicklung angemessene Möglichkeit, mit dem Tod umzugehen, besteht in klarem, verständlichen Reden über Fakten und Gefühle im Zusammenhang mit dem Tod. Dazu gehören Erklärungen

Gerade Trauernde mit kleineren Kindern sind daher dringend auf die Unterstützung naher Freunde oder Verwandter angewiesen.

darüber, wie der Betreffende gestorben ist, Erläuterungen zu Krankheit oder Unfallhergang, aber auch ehrliche Mitteilungen der Gefühle der Hinterbliebenen. Kinder, die aus falsch verstandener Fürsorge abgeschirmt werden und denen eine Begegnung mit dem Tod eines Elternteils erspart werden soll, entwickeln meist magische Vorstellungen über den Tod, die noch die erwachsene Trauer erschweren können. Sie bemerken trotz aller „Behütung" die Trauer der Erwachsenen, und selbstverständlich bleibt der verstorbene Elternteil auch verschwunden!

Die Trauer vor allem jüngerer Kinder ist häufig besonders erschwert durch die Todesumstände. Jüngere Erwachsene sterben (statistisch) weitaus häufiger als ältere Menschen an Unfällen, durch Gewaltverbrechen oder auch durch Selbstmord. Alle diese Todesarten wirken bei jedem Trauernden besonders erschwerend, insbesondere durch die Tatsache, daß sie plötzlich und unerwartet eintreten. Daher ist es auch für kleine Kinder sehr wichtig, daß sie die Verstorbenen noch einmal sehen können! Dies ist für sie eine wesentliche Hilfe, den Tod und die Endgültigkeit der Trennung begreifen und letztlich akzeptieren zu können.

Im Falle einer länger andauernden, tödlichen Krankheit eines Elternteils sollten Kinder ebenfalls nach Möglichkeit nicht von diesem furchtbaren Geschehen ausgeschlossen werden. Auch in diesen Fällen ist es günstig, mit ihnen über den bevorstehenden Tod zu sprechen. Kinder verfügen in der Regel über ein ausgezeichnetes Gespür für Stimmungen und Gefühle. Die tödliche Krankheit eines Elternteils, insbesondere die Gefühle der Eltern sowie anderer Verwandter, können in keinem Fall vor Kindern geheimgehalten werden. Eine sachliche Information, Gespräche über das schlimme Geschehen aber sind immer einer Atmosphäre von Geheimnis und Mythos vorzuziehen. Kinder nicht über Sterben und Tod zu informieren, bedeutet immer auch, sie in der sehr wohl wahrgenommenen Atmosphäre von Angst, Trauer und Verzweiflung allein zu lassen!

Zwischen dem fünften und dem achten Lebensjahr entwickeln Kinder ein stabileres (intellektuelles) Verständnis vom Tod, das schließlich in etwa dem erwachsenen Verständnis entspricht. In diesem Alter neigen allerdings viele Kinder dazu, starke Schuldgefühle zu entwickeln. Im Alter von fünf bis zehn Jahren treten entwicklungsbedingt starke Schwankungen in der Einstellung zu den Eltern auf: diese werden einmal heiß geliebt, im nächsten Augenblick (vorübergehend) sehr kritisch angesehen. Viele Kinder neigen nach dem Tod eines Elternteils dazu, sich selbst, aufgrund ihrer sporadischen „Haß"gefühle gegen den Verstorbenen die Schuld am Tod zu geben! Dies gilt sinngemäß auch, wenn ein anderes Kind aus der Familie stirbt. In dieser Situation ist es wichtig, den Kindern die Gelegenheit einzuräumen, über das Geschehen, ihre Gefühle und Ängste zu sprechen, sie damit nicht allein zu lassen. Eine auftretende Reaktionsform besteht in dem Versuch, den Verlust zu verleugnen. Einige Kinder benehmen sich so, als sei nichts geschehen. Dies bedeutet jedoch nicht, daß sie nicht trauern, sondern ist gerade eine (besondere) Form kindlicher Trauer. Erst wenn diese Verleugnung nicht wieder abklingt und zu sichtlich zwanghaften Verhaltensweisen führt, ist ein Eingreifen erforderlich.

Schulkinder stehen nach dem Tod eines Elternteils vor einem zusätzlichen Problem, das Erwachsene berücksichtigen sollten. Sie haben in ihrer Klasse plötzlich den neuen Status der „Halbwaise" und werden unter Umständen in eine Außenseiterrolle gedrängt. Sie können den Tod des Elternteils als persönlichen Makel empfinden, der sie in den Augen ihrer Mitschüler und -schülerinnen herabsetzt.

Wenn ein Kind stirbt

Der Tod eines Kindes ist für die meisten Menschen ein ganz besonders tragisches Ereignis. Dies gilt um so mehr, wenn das Kind in einem sehr frühen Alter stirbt, in dem es noch vollständig von uns Erwachsenen abhängig ist. Ein Grund für die besondere psychologische Bedeutung des Kindstodes ist in seinem häufig unerwarteten Eintritt zu suchen. Wie in den vorangegangenen Kapiteln bereits dargestellt, erschwert jeder unerwartete, plötzliche Tod eines nahestehenden Menschen den anschließend Trauerprozeß in hohem Ausmaß. Kinder aber sterben sehr häufig durch Unfälle, vor allem Verkehrsunfälle. Es gibt aber noch weitere Gründe für die besondere Problematik eines Kindstodes.

Seit längerer Zeit besteht in unserer Gesellschaft ein Trend zu immer kleineren Familien mit immer weniger Kindern. In diesen durchschnittlich kleiner werdenden Familien bekommen die einzelnen Kinder für ihre Eltern naturgemäß einen ungleich höheren Stellenwert als in früheren Jahrhunderten, in denen der Kindstod ein völlig normales Ereignis war. Dies kommt auch darin zum Ausdruck, daß es in der deutschen Sprache lange Zeit keinen Ausdruck für trauernde Eltern gab, bis der eher gekünstelte Begriff der „verwaisten Eltern" eingeführt wurde. Unter den hygienischen und medizinischen Verhältnissen früherer Zeiten war es ganz natürlich, daß von den oftmals sechs bis zehn Kindern einer Familie zwei oder drei ihre Kindheit nicht überlebten.

Man kann wohl sagen, daß die Menschen in den vergangenen Jahrhunderten immer mit dem Tod eines Kindes vor allem in den ersten Lebensmonaten und -jahren rechneten. Der Tod eines Kindes hatte, so hart das heute klingen mag, nicht die herausragende Bedeutung, die er heute für uns hat.

In unserer gegenwärtigen Gesellschaft ist die verbreitete Einstellung Kindern gegenüber paradox: Einerseits besteht eine weit ausgeprägte Kinderfeindlichkeit, die sich in mangelnden Spielmöglichkeiten und Benachteiligungen von Familien mit Kindern bei der Wohnungssuche, einer extrem kinderfeindlichen Gestaltung des Lebensraumes — von der Städteplanung und Architektur bis hin zur (für viele Kinder tödlichen) Bevorzugung des Autoverkehrs in vielen Wohngebieten — sowie einer erschreckend großen Zahl von Kindesmißhandlungen zeigt. Andererseits existiert aber auch eine extreme Fürsorglichkeit gegenüber Kindern. Deren Tod, insbesondere der Tod des einzigen Kindes einer Familie, gewinnt schließlich eine herausragende Bedeutung für Eltern und nächste Verwandte. In der öffentlichen Diskussion aber hat der massenhafte (gewaltsame) Tod von Kindern etwa im Straßenverkehr („Freie Fahrt für freie Bürger" war allemal wichtiger als rigide Tempolimits in Wohngebieten oder gar Vorfahrtsberechtigungen für Kinder!) bis heute über Klagen in den Massenmedien hinaus noch kaum zu hinreichenden Verbesserungen der kindlichen Umwelt geführt.

Der Tod eines Kindes wird vor diesem Hintergrund zu einer ausgeprägten „Privatangelegenheit" der Eltern, sie stehen zunächst weitgehend allein. Darüber hinaus sind Kinder heute sehr viel mehr mit Wünschen und Hoffnungen der Eltern befrachtet, als dies in früheren Zeiten der Fall war. Was wünschen wir uns nicht alles für unsere Kinder! Die vollständige Abhängigkeit des Kindes vom Erwachsenen macht schließlich auch völlig normale Trauerreaktionen wie Aggressionen den Verstorbenen gegenüber unmöglich, denn wie könnte jemand auf ein hilfloses, abhängiges Kind, das viel zu früh sterben mußte, auch noch wütend sein. Aus diesem Grund richten sich viele Aggressionen, die immer ein mehr oder weniger ausgeprägter Bestandteil jeder Trauer sind, gegen das Schicksal oder sehr häufig gegen den Partner. Warum das so ist und und mit welchen Konsequenzen das geschieht, werden wir noch sehen.

Die verbesserte Gesundheitsvorsorge und die im Verlauf der letzten hundert Jahre deutlich verminderte Kindersterblichkeit tragen ebenfalls dazu bei, den Tod eines Kindes als ungewöhnlich und — vor allem — vermeidbar erscheinen zu lassen. Die Folge sind für sehr viele betroffene Eltern verstärkte Schuldgefühle. Schuldzuweisungen an sich selbst oder andere sind ganz normale, bei fast allen Verlusterlebnissen auftretende Trauerreaktionen. Infolge der beschriebenen, besonderen Gegebenheiten beim Tod eines Kindes aber werden diese Schuldgefühle in den meisten Fällen deutlich verstärkt.

Sofort nach dem schrecklichen und meist unerwarteten Tod des Kindes beginnen die Zweifel. Was hat man versäumt? Was hätte man anders machen sollen? Hätte man nicht schon früher einen Arzt zu Rate ziehen sollen? Hätte man als liebende Mutter nicht bemerken müssen, daß etwas mit dem Kind nicht stimmte? War man etwa zu selbstsüchtig und den eigenen Interessen nachgegangen, während das Kind vielleicht schon krank war oder gar, als es gestorben ist? Die Möglichkeiten der Schuldzuweisung an die eigene Person sind unendlich. Und da außer dem Schicksal und dem eigenen Partner meist niemandem die Schuld zugeschrieben werden kann, sind sehr viele Eltern nach dem Tod eines Kindes sehr „eifrig" bemüht, sich selbst oder gegenseitig die Schuld am Tod zuzuweisen.

Dieser Mechanismus kann noch unendlich kompliziert werden, wenn „wirkliche" Schuld — d.h. zum Beispiel erinnerte Versäumnisse, Sorglosigkeit oder Unachtsamkeit zum Zeitpunkt des Verkehrsunfall usw. — mit Schuldfantasien vermischt wird, wenn im wirklichen Geschehen begründete (Selbst-)Vorwürfe mit unbegründeten, nur der Fantasie entsprungenen eine unheilvolle Verbindung eingehen, an deren Ende unter Umständen die Gefahr der Selbsttötung stehen kann. Je weiter der Teufelskreis dieser Schuld- und Vorwurfsspirale gedreht wird, um so schwerer wird es, aus eigenem Antrieb diesen furchtbaren Kreislauf zu durchbrechen. Hilfe von außen könnte in einer derartigen Situation hilfreich sein. Doch mit wem könnten die finsteren Gedanken und Befürchtungen geteilt werden?

Naturgemäß bietet sich zunächst der Partner an. Das Zusammenleben „in guten wie in schlechten Zeiten" bedeutet ja im Alltag auch, daß alle Sorgen, Ängste, Aggressionen usw. zunächst auf den uns am nächsten stehenden Menschen gerichtet werden bzw. mit diesem geteilt, besprochen usw. werden können. Nach dem Tod eines Kindes aber ist eine entscheidende Veränderung eingetreten: Der Partner trauert ebenfalls. Wie wir in den vorangegangenen Kapiteln beschrieben haben, kann das Trauerverhalten zwischen verschiedenen Menschen enorm unterschiedlich und zum Teil sogar widersprüchlich sein. Trauer kann darüber hinaus oft einen wellenförmigen Verlauf nehmen. Daher kann leicht eine Situation eintreten, in der der Partner zwar nicht minder trauert, zu einem Zeitpunkt aber, an dem wir verzweifelt seine ganze Hilfe und Unterstützung brauchen, selbst in einer Phase tiefer Trauer und depressiver Stimmung ist, in der er selbst zur Hilfe nicht in der Lage ist. Wir aber fühlen uns im Stich gelassen. Vielleicht hat er auch gerade eine ähnliche Krise durchlitten — ohne daß wir das bemerkt haben — und möchte für einige Zeit einfach in Ruhe gelassen werden, um wieder neue Kraft schöpfen zu können. Unter Umständen ist er auch einfach überfordert.

Aufgrund der großen Unterschiede im Trauerverhalten verschiedener Menschen ist es schließlich auch leicht möglich, daß Ehepartner ihre Trauer nicht verstehen bzw. wahrnehmen. Es gibt beispielsweise (vor allem bei Männern) Formen der Trauer, bei denen die Trauernden sich in sich selbst zurückziehen, ihren Schmerz und ihre Verzweiflung tief in ihrem Inneren verbergen. Nach außen hin versuchen sie, kontrolliert und gefaßt zu erscheinen, sich bewußt von allen schlimmen Erinnerungen auszuschließen. Eine solche Form der Trauer kann leicht von Partnern, die anders, emotionaler und offener trauern als „gefühllos" oder „unbeteiligt" empfunden werden, obwohl auch solche Trauerformen lediglich Ausdruck einer tiefen inneren Verzweiflung und des Bemühens sind, von der Trauer nicht überwältigt zu werden.

Vielleicht möchte der andere Partner schreien und toben, weinen und klagen, möchte sich immerzu mit Erinnerungen beschäftigen und jeden Tag mit dem verstorbenen Kind ins Gedächtnis zurückrufen, möchte reden und reden, immer wieder über das Kind und den Verlust sprechen. Vor allem Frauen scheinen häufiger auf dieser Weise zu trauern. Trauer kann und darf aber nicht bewertet werden. Jeder Mensch trauert in seiner ganz persönlichen Art. Wenn wir aber selbst trauern, haben wir oft nicht mehr die Kraft und die Fähigkeit, für andere Formen der Trauer Verständnis aufzubringen. Die eigene Trauer, der selbst empfundene Schmerz kosten genug Anstrengung. Wenn Ehepartner um ein Kind trauern, hat in den weitaus meisten Fällen jeder Partner, seinem eigenen Trauerrhythmus folgend, zu verschiedenen Zeiten seine individuellen Höhen und Tiefen im Trauerprozeß. Daraus resultiert oft fast zwangsläufig, daß Ehepartner sich gegenseitig häufig kaum eine Hilfe sein können, die Kraft zur Toleranz ist dann leider meist nicht mehr vorhanden.

75 Prozent aller Ehen, in denen Kind stirbt, stehen deshalb am Rande einer Trennung oder Scheidung. Vorsichtige Schätzungen sprechen davon, daß 50-60% aller Ehen in den ersten Jahren nach dem Tod eines Kindes auch geschieden werden. Vor allem Probleme in der ehelichen Beziehung, die schon vor dem Todesfall bestanden, können danach zu unüberwindbaren Gräben werden. Die Offenheit in fast jeder Partnerschaft gerät in Gefahr, wenn beide Partner sich

nicht mehr verstanden fühlen und sich vom jeweils anderen verlassen glauben. Eine Trennung in einer solchen Situation aber ist lediglich Ausdruck der gegenseitig verstärkten Ohnmacht: Keiner der Partner wird durch sie die eigene Trauer besser bewältigen können.

Hilfe von dritter Seite ist in dieser Situation nur schwer annehmbar: welchem Freund, Verwandtem oder Nachbarn könnte dieser Strudel der Gefühle und gegenseitigen Verdächtigungen auch nur mitgeteilt werden! Eine scheinbar unüberwindbare Wand von Problemen türmt sich vor den verwaisten Eltern auf. Dies geschieht mehr als 10.000mal im Jahr allein im Gebiet der alten Bundesländer! 10.000 Kinder sterben hier vor ihrem fünfzehnten Lebensjahr. Aber auch ältere Jugendliche und junge Erwachsene sterben als Kinder von meist noch lebenden Eltern, die versuchen müssen, diesen Verlust zu bewältigen.

Die schwerwiegenden Folgen, die gerade der Verlust eines Kindes nach sich ziehen kann, können auch daran abgelesen werden, daß fast die Hälfte aller verwaisten Eltern und Geschwister um psychotherapeutische Hilfe nachsucht. Dies ist aufgrund der beschriebenen besonderen Probleme und Belastungen, die der Tod eines Kindes mit sich bringt, oft die einzige Chance, diesen überhaupt zu bewältigen. Der Tod eines Kindes hat in unserer Gegenwart eine derart schreckliche psychologische Bedeutung für die meisten von uns, daß diese Krise ohne professionelle, psychotherapeutische Hilfe oder zumindest die Teilnahme an Gesprächskreisen oder Selbsthilfegruppen fast nicht mehr zu bewältigen ist.

Die vergessene Trauer: Totgeburten

Es gibt eine Form des Kindstodes, die im Bewußtsein der meisten Menschen überhaupt nicht richtig wahrgenommen wird, die kaum als „legitimer" Anlaß zur Trauer akzeptiert wird: Tot- oder Fehlgeburten. Diese erscheinen vielen Menschen als persönliche oder medizinische „Betriebsstörungen", die mit dem zwar wohlgemeinten, aber für die Betroffenen, insbesondere die Mütter furchtbaren „Trost"versuch „Beim nächsten Mal klappt's bestimmt" abgetan werden. Darüber hinaus erschweren die Vorgänge um Totgeburten häufig die Entwicklung einer angemessenen Trauer.

Die Entwicklung der emotionalen Beziehung zwischen Mutter und Kind beginnt bereits lange vor der Geburt. Im Verlauf der Schwangerschaft bauen werdende Mütter eine immer intensiver werdende Beziehung zu dem in ihnen wachsenden Kind auf. Dabei ist das Kind sowohl noch ein Teil von ihnen selbst, als auch bereits ein eigenständiges Wesen, auf dessen Geburt die Mütter sich häufig schon lange im voraus freuen. Alle im vorangegangenen Abschnitt beschriebenen Veränderungen im emotionalen Verhältnis zu Kindern und deren psychologische Bedeutung für die Eltern treffen auch schon für Ungeborene zu. Die werdende Mutter hat meist eine enge und intensive persönliche Beziehung zu dem Ungeborenen aufgebaut, die durch dessen Tod bzw. die Totgeburt oft jäh unterbrochen wird.

Als erste Erschwernis dieser Verluste muß wiederum der häufig unerwartete, plötzliche Eintritt des schrecklichen Ereignisses genannt werden.

Der Prozeß der Trauer wurde in einem der vorangegangenen Kapitel auch als „Trauerarbeit" bezeichnet. Diese innerpsychische Arbeit vollzieht sich an einzelnen Erinnerungen und erinnerten Gefühlen im Zusammenhang mit den Betrauerten. Im Falle totgeborener Kinder aber existieren noch kaum Erinnerungen! Die Trennung zwischen der Wahrnehmung ihres Wachsens einerseits, und Fantasien, Ängsten, Schuldgefühlen bei den Müttern andererseits ist nach Totgeburten fast nicht möglich. Dieses Fehlen von Erinnerungen, das Unbestimmbare und Unbekannte des verlorenen, noch ungeborenen Kindes erschweren die Trauer sehr stark.

Viele Mütter entwickeln nach Totgeburten heftige Schuldgefühle. Sehr häufig quälen sie Zweifel, ob sie durch ihr Verhalten im Verlauf der Schwangerschaft möglicherweise das schreckliche Geschehen ausgelöst haben. Kein Mensch aber ist vollkommen und ohne Fehler, mit Sicherheit können nach jeder (auch normal und gut verlaufenden) Schwangerschaft „Fehler" oder „Versäumnisse" erinnert werden; Anknüpfungen für quälende Schuldgefühle sind daher fast immer zur Hand. Die meisten Menschen unserer Umgebung aber sehen Totgeburten nicht als „vollwertige" Verlusterlebnisse an! Viele betroffene Mütter glauben daher, ihre Trauer und ihren Schmerz verbergen zu müssen. Sie schämen sich zusätzlich ihrer Trauer!

„Richtig" wäre allemal das Gegenteil! Der Tod eines ungeborenen Kindes ist immer ein „richtiger" Verlust, vor allem für die Mütter. Diese sind zu Recht verzweifelt und traurig, sie haben einen entsetzlichen Verlust erlitten und bedürfen großer Unterstützung. Sie haben zudem oft Schwierigkeiten, den Verlust überhaupt als wirklich zu akzeptieren. Dabei könnte ein leider nur zu selten praktiziertes Verhalten der Krankenhäuser, in denen Totgeburten meistens stattfinden, enorm helfen: Die betroffenen Eltern sollten, wann immer dies möglich und für sie zu verkraften ist, Gelegenheit erhalten, das tote Kind zu sehen. Die Eltern erhalten so die Möglichkeit, das tote Kind später als Person zu erinnern, den Tod nicht nur mit unsicheren Fantasien und Empfindungen in Verbindung bringen zu müssen.

Eltern bedürfen nach der Totgeburt eines Kindes besonderer Rücksichtnahme und Unterstützung. Insbesondere die Mütter müssen in dem Gefühl bestärkt werden, einen wirklichen Verlust erlitten zu haben und trauern zu dürfen. Leider sehen sie sich oft einer unverständigen Umwelt gegenüber, die die Trauer als „übertrieben" oder „unnötig" herunterspielt. Demgegenüber kann ein verständnisvolles Verhalten sowohl der Ehepartner, als auch der näheren Verwandten und Freunde sehr hilfreich sein. Nicht eine Hal-

tung des „das wird schon wieder, beim nächsten Kind" kann
die Trauer um das totgeborene Kind ersetzen, sondern erst
die angemessene Trauer um ein solches Kind kann die Chance geben, mit möglicherweise noch nachfolgenden Kindern
wieder glückliche und leidensfreie Familienbeziehungen auf-
zubauen.

Die Trauer
älterer Menschen

Der Tod eines Kindes, eines jüngeren Erwachsenen erscheint vielen Menschen heute als besonders schrecklich und unerträglich. Wie aber gehen wir mit dem Tod älterer Menschen um? Deren Tod tritt häufig unspektakulär zu einem Zeitpunkt ein, wo wir vielleicht schon damit gerechnet haben, das Leben scheint an seinem „normalen" Ende angelangt zu sein.

Derartige Überlegungen lassen nur zu leicht die ebenfalls älteren Hinterbliebenen der Verstorbenen außer acht. In dem Maße, in dem ein Tod in höherem Alter als „normal" und „alltäglich" angesehen wird, scheint eine besondere Trauer überflüssig. Dies kann jedoch eine große Belastung vor allem für die hinterbliebenen Ehepartner bedeuten. Häufig haben sie einen Partner oder eine Partnerin verloren, mit denen sie mitunter über mehrere Jahrzehnte zusammengelebt haben. Das gemeinsame Leben war in den meisten Fällen derart eng verwoben und aufeinander eingespielt, daß der Tod von den nun Verwitweten immer als ein immenser Verlust empfunden wird. Die Verzweiflung und der tiefe Schmerz werden noch einmal verstärkt durch die schockierende Wahrnehmung, daß dieser entsetzliche Verlust von den Menschen der Umgebung nur zu gerne als „normal" akzeptiert wird. Diese scheinbare „Normalität" kann aber in Wirklichkeit größtes Leiden verdecken und dessen Ausdruck und Linderung verhindern.

Die Trauer älterer Menschen kann in der Tat etwas andere Formen und Verläufe annehmen als bei jüngeren Erwachsenen. Wenn der Tod des Ehepartners in hohem Alter eintritt, kann es geschehen, daß kein „vollständiger" Trauerprozeß mehr ablaufen kann. Die letzte Phase der Trauer, die soziale Wiederanpassung und die Entwicklung neuer, eigenständiger Lebensformen, zu denen auch eine neue Partnerschaft gehören kann, bleibt nicht selten aus. Vielleicht ist die Fähigkeit dazu nicht mehr in hinreichendem Maße vorhanden, vielleicht liegt auch eine gewisse „Resignation des Alters" vor, die die Betroffenen dazu führt, den Status der Witwe oder des Witwers dauerhaft anzunehmen und keine neuen Beziehungen mehr eingehen zu können oder zu wollen. Dies wird unterstützt durch ein ähnliches Verhalten vieler anderer älterer Trauernder. Besonders bei älteren Menschen sind Witwen und Witwer fast ebenso häufig anzutreffen wie Paare. Die Angst, „fünftes Rad am Wagen" zu sein, muß nicht auftreten, wenn in der Umgebung ebenfalls überwiegend alleinstehende Trauernde leben und den größten Teil des Freundes- und Bekanntenkreises ausmachen.

In der Diskussion der Fachleute um die Trauer älterer Menschen werden zwei verschiedene Modelle kontrovers diskutiert, die aber möglicherweise auf zwei unterschiedliche Formen zurückgehen, in denen ältere Menschen in unterschiedlichen Situationen trauern. Das erste Modell besagt, daß Menschen mit zunehmendem Alter immer mehr Verluste durch den Tod erleiden. Dazu zählen nicht nur die statistisch „normalen" Verluste von Altersgenossen, Bekannten oder Freunden. Häufig sterben auch in kürzeren Abständen Geschwister, unter Umständen auch bereits erwachsene eigene Kinder, schließlich der Ehepartner. Die immer kürzer werden Abstände machen es den Betroffenen aber fast unmöglich, bei jedem einzelnen der ihnen verbundenen, von ihnen geliebten Menschen eine angemessene Trauerreaktion zu entwickeln. In die Phase des tiefen Schmerzes, der verzweifelten Trauer hinein trifft der nächste Verlust, setzt der nächste Schock ein usw. Trauer kann nicht mehr erlebt werden, die Betroffenen kapseln ihre Trauer mitunter in sich selbst ein.

Häufig führt dieser Rückzug in das eigene Innenleben zu schweren gesundheitlichen Schädigungen, in einigen Fällen kann eine schwere Altersdepression folgen. Gerade ältere Menschen, die wiederholt und in kurzen Abständen geliebte Menschen verloren haben, bedürfen besonderer Unterstützung und Hilfe. Ihre Trauer und ihr Schmerz müssen in ihrem ganzen Umfang ernst genommen und akzeptiert werden. Eine Umwelt, die — aus Angst vor Emotionen und im Bemühen, möglichst alle Gedanken an den Tod aus dem eigenen Leben zu verdrängen — über diese besondere Trauer älterer Menschen hinweggeht und sie übersieht, handelt grausam und unmenschlich an Mitmenschen, die Rücksicht brauchen.

Ein anderes Modell der Trauer älterer Menschen beschreibt deren Situation als ein Lernen, mit der Trauer umzugehen. Der Tod nimmt immer mehr Platz in ihrer Umgebung ein, altersbedingt sterben mehr und mehr Freunde und Verwandte. Dennoch wird bei jedem einzelnen Verlust eine angemessene Trauer entwickelt. Der Tod wird jedoch nicht als schrecklicher Einschnitt in das Leben, sondern als dessen notwendige Fortsetzung und natürliches Ende erlebt und kann so einen Teil seines Schreckens verlieren.

Welches der beiden (modellhaften) Formen der Trauer ältere Menschen entwickeln, hängt vom Einzelfall ab. Der zweite, uns viel versöhnlicher erscheinende Verlauf dürfte allerdings nur dann wahrscheinlich sein, wenn die Betreffenden und ihre Familie während ihres gesamten Lebens gelernt haben, mit dem Tod und der Trauer umzugehen bzw. welche Umgangsformen sie bei ihren Eltern und anderen Bezugspersonen erlebt haben.

Der Umgang mit dem Tode

Der Tod eines geliebten, uns nahestehenden Menschen ist ein Ereignis, das wir normalerweise aus unserem alltäglichen Denken und Fühlen verdrängen. Wer ist schon bereit, sich — scheinbar grundlos — Gedanken über den eigenen Tod oder den nahestehender Menschen zu machen? Dennoch kann ein bewußter Umgang mit der Möglichkeit des Todes die Schmerzen und Probleme Trauernder deutlich verringern. Alle Untersuchungen über den Verlauf der Trauer und die Komplikationen, die dabei auftauchen können, haben übereinstimmend gezeigt, daß der Trauerverlauf bei all jenen Hinterbliebenen viel unproblematischer und krisenfreier war, die nicht vollkommen vom Tod ihrer Partner überrascht wurden. Abgesehen von den Fällen, in denen der Tod unerwartet und plötzlich eintritt, besteht daher die Möglichkeit, sich gemeinsam darauf vorzubereiten.

Die Diagnose einer tödlich verlaufenden Krankheit ist für alle Beteiligten eine außerordentlich große Belastung. Für Ärzte, Krankenschwestern usw. ist die Mitteilung der Diagnose eine — verständlicherweise — höchst unangenehme und meistens sehr unbeliebte Aufgabe. Die Familie oder der Freundeskreis eines Patienten, der in absehbarer Zeit sterben wird, bauen nicht selten ein undurchsichtiges Netz gegenseitigen Verschweigens und Vermeidens auf. Die Patienten wollen mitunter nicht, daß ihren Partnern die Diagnose mitgeteilt wird, um sie zu schonen. Die Ehepartner und Angehörigen wollen ihrerseits nicht, daß die Patienten die schlimme Nachricht erhalten. Das Krankenhauspersonal schließlich ist in der Regel froh, die Nachricht nicht übermitteln zu müssen usw. Kinder werden meistens erst recht vom Wissen um den bevorstehenden Tod eines Elternteils ausgeschlossen.

Untersuchungen über verschiedene Formen des Sterbens haben gezeigt, daß ein insgesamt offenerer und ehrlicherer Umgang mit dem Tod diese furchtbare Zeit letztlich für alle Beteiligten ein wenig leichter macht. Aus psychologischer Sicht wäre es wünschenswert, in die Mitteilung einer tödlichen Diagnose die gesamte direkt beteiligte Familie einzubeziehen. Dies würde bedeuten, daß die sterbenden Patienten, deren Partner sowie deren Kinder gemeinsam informiert werden und ihnen so die Möglichkeit gegeben wird, gemeinsam zu reagieren. Dieses Ideal scheitert allerdings leider oft an den Grenzen des im Krankenhausalltag Machbaren. Die gemeinsame und sinnvolle Information der gesamten Familie würde eine gewisse Kenntnis auch der Ehepartner und Kinder auf Seiten des Krankhauspersonals voraussetzen sowie die Bereitschaft, im Team von Pflege- und ärztlichem Personal gemeinsam die Information zu planen. Im Alltag der meisten Krankenhäuser aber ist dies — nicht zuletzt angesichts des akuten Pflegenotstandes — kaum möglich.

Ein Ehepaar, daß nach einer ungünstigen Diagnose miteinander über den bevorstehenden Tod spricht und diesen vielleicht gemeinsam „vorbereitet", kann dadurch die ohnehin furchtbare Situation ein wenig erleichtern. Der oder die Sterbende muß nicht seine eigene Trauer, den Schmerz und die Qual aus — wohlgemeinter — Rücksicht vor dem Partner verstecken. Der Partner bzw. die Partnerin kann ebenfalls dem Sterbenden offen gegenübertreten. Beide können sich — bei aller Angst und Trauer um das Unvermeidliche — gegenseitig stützen, soweit dies in ihren Kräften steht. Sie haben die Möglichkeit, bewußt Abschied zu nehmen, sich noch einmal ihrer Zuneigung und Unterstützung zu versichern. Häufig wird die Beziehung zwischen den Partnern in dieser schlimmen Situation deutlich enger und intensiver. Selbst Ehepaare, die sich in den langen Jahren ihrer

Ehe auseinandergelebt haben, können sich mitunter wieder sehr viel näherkommen.

Für Sterbende ist ein bewußtes, gemeinsames Erleben der letzten Zeit eine sehr große Erleichterung und Unterstützung. Sie müssen nicht das Gefühl haben, abgeschoben zu werden, sondern wissen sich bis zuletzt geliebt und geborgen. Zu diesem behutsamen und menschlichen Umgang mit dem Tod gehört auch der Versuch, todkranke Menschen nach Möglichkeit zuhause sterben zu lassen. Dieses Ideal sollte allerdings nur dann ernsthaft erwogen werden, wenn alle medizinischen, aber auch und vor allem psychologischen Bedingungen hierfür erfüllt sind. Nur wenn die pflegenden und unterstützenden Familienmitglieder sich hinreichend sicher sind, die äußerst schwere Situation auch beherrschen und ertragen zu können, ist eine Pflege bis zum Tod im eigenen Haushalt sinnvoll durchführbar.

(Weitere Informationen über die Pflege todkranker Menschen bietet die „Deutsche Hospizhilfe e. V.", deren Adresse Sie dem Anhang entnehmen können.)

Für den zurückbleibenden Ehepartner kann ein bewußtes, gemeinsames Erleben der letzten Zeit vor dem Tod eine spürbare Erleichterung der eigenen Trauer bewirken. Die quälenden Schuldgefühle — „Was habe ich versäumt?", „Was habe ich falsch gemacht?", „Habe ich genug getan?" usw. — treten viel seltener und schwächer auf als in anderen Fällen. Die Witwe bzw. der Witwer können sicher sein, ihrem verstorbenen Partner bis zum letzten Augenblick Hilfe und Trost gewesen zu sein, sie soweit wie möglich auf ihrem letzten Weg begleitet zu haben. Die schwere Aufgabe für Trauernde, den Tod als Realität nicht nur bewußt zu begreifen, sondern auch zu fühlen und emotional zu erfassen, kann sehr viel einfacher werden, da sie über einen längeren Zeitraum hinweg vorbereitet wurde. Ein bewußter Abschied voneinander kann schließlich die Aufgabe des Hinterbliebenen, ein neues Leben ohne den geliebten Partner bzw. die Partnerin zu organisieren, ebenfalls stark erleichtern.

Praktische Hinweise

Die meisten Menschen fühlen sich völlig überfordert und unfähig, die vielfältigen Prozeduren zu bewältigen, die mit dem Tod eines Angehörigen verbunden sind. Hier bewährt sich die Hilfe eines guten, vertrauenswürdigen Bestatters. Aber wie kann dieser Bestatter gefunden werden? Viele Betroffene greifen willkürlich eine Telefonnummer aus dem Branchenverzeichnis heraus oder wenden sich an einen Bestatter, der bereits jemanden im Familien- oder Freundeskreis beerdigt hat und über den man in diesem Zusammenhang von zufriedenstellender Arbeit gehört hat. Doch nach welchen Kriterien kann die Arbeit eines Bestatters beurteilt werden? Der Beruf des Bestatters unterliegt nahezu keinen rechtlichen Zulassungskriterien, fast jeder Mensch kann — unabhängig von seiner fachlichen und vor allem menschlichen Qualifikation — ein Bestattungsunternehmen gründen.

Nur wenige Menschen haben Vergleichsmöglichkeiten. Vor dem Todeszeitpunkt mögen sich nur die Wenigsten mit der Thematik — oder überhaupt der Möglichkeit — eines Todesfalls auseinandersetzen, und nach dem Eintreten des tragischen Ereignisses wollen Viele alles so schnell wie möglich hinter sich bringen. Ein möglicher Anhaltspunkt für die „Qualität" eines Bestattungsunternehmens kann die Mitgliedschaft im „Bundesverband des Deutschen Bestattungsgewerbes e.V." sein. Die Mitglieder dieses (freiwilligen) Berufsverbandes verpflichten sich, durch interne Ausbildungsgänge, Fortbildungsveranstaltungen und Prüfungen eine angemessene Qualifikation zu erwerben. Die Mitgliedschaft eines Bestattungsunternehmens im Bundesverband kann daher für ein hohes Maß an Kompetenz und Ethik bürgen.

Um an dieser Stelle eine kleine Orientierungshilfe zu bieten, geben wir im folgenden einige kurze Informationen für den Sterbefall. Ausführlichere Beratung über die notwendigen Formalitäten bei einem Sterbefall, vor allem über die regional sehr unterschiedlichen Details, kann ein kompetenter Bestatter bieten.

Wenn Sie sich für einen Bestatter Ihrer Wahl entschieden haben, sollten Sie sich bereits vor dessen Besuch überlegen, welche Vorstellungen die verstorbene Person bezüglich der Bestattung gehabt hat und welches Ihre eigenen Vorstellungen sind. Vertreten Sie diese gegenüber dem Bestatter. Gute Bestatter werden Ihnen vernünftige und rationale Argumente für und wider bestimmter Wünsche und Einzelheiten bezüglich der Bestattung bieten, schlechte Bestatter werden eher emotional argumentieren und versuchen, Ihnen eine möglichst teure Bestattung zu verkaufen. Sie tun sich keinen Gefallen, wenn sie wider besseren Wissens dem äußeren Schein — oder gar dem Bestatter zuliebe — etwas anderes wählen als es Ihren bisherigen Vorstellungen entspricht. Versuchen Sie, entschieden Ihre und Ihres verstorbenen Angehörigen Interessen zu vertreten. Ein guter Bestatter kann Ihnen viel Arbeit in einer Zeit abnehmen, in der Sie Ihre Energien anderweitig nötiger brauchen.

Wenn der Tod zu Hause eintritt, muß ärztlicherseits Todesursache und Todeszeitpunkt festgehalten werden. Erst nach dieser Feststellung und der Ausfertigung des Totenscheins kann ein Bestatter tätig werden. Tritt der Tod im Krankenhaus ein, wird der Tod von Seiten des Krankenhauses festgestellt und bescheinigt. Die Mitteilung an die Angehörigen wird allerdings nicht selten dem — ohnehin vollkommen überlasteten — Pflegepersonal überlassen, was mitunter zu zusätzlichen emotionalen Belastungen für die Hinterbliebenen führen kann. Der persönliche Besitz der Verstorbenen sollte möglichst umgehend im Krankenhaus abgeholt werden.

Zur Regelung der unterschiedlichen Formalitäten im Zusammenhang mit dem Tod und der Bestattung benötigt der Bestatter, den die Hinterbliebenen zu ihrer eigenen Entlastung möglichst rasch hinzuziehen sollten, im wesentlichen die folgenden Unterlagen:

— Familienstammbuch bzw. Heiratsurkunde
— Versicherungspolicen (Lebensversicherung) mit der letzten Beitragsquittung
— Krankenkassenmitgliedsnummer
— Testament (falls vorhanden und möglichst notariell beglaubigt)
— gegebenenfalls über den Todeszeitpunkt hinaus erteilte Vollmachten
— etwaige sonstige wichtige Unterlagen.

Mit Hilfe dieser Unterlagen kann der Bestatter nun die den Todesfall betreffenden Angelegenheiten für die Betroffenen erledigen und Ihnen so einige bürokratische Abläufe ersparen. Dazu gehören:

— die Ausrichtung und Durchführung der Bestattung
— die Erledigung aller notwendigen Formalitäten bei Behörden und Krankenkassen (Abmeldung usw.)
— die Abwicklung finanzieller Ansprüche bei Krankenkassen, Versicherungen, usw.

Die Hinterbliebenen erhalten nach Abschluß aller mit dem Todesfall zusammenhängenden Tätigkeiten des Bestatters eine detaillierte Abrechnung, aus der sie Kosten und Erstattungen (z. B. aus Versicherungsleistungen) ersehen können.

Eine sehr detaillierte Darstellung aller mit dem Todesfall zusammenhängen Angelegenheiten, darunter Versicherungsansprüche, steuerliche Auswirkungen und Fragen der Nachlaßregelung und vieles andere mehr finden Sie in der Broschüre „Ratgeber bei Trauerfällen" von H. Schormann, die Sie über den „Fachverlag des deutschen Bestattungsgewerbes" (s. u.) oder Ihren Bestatter beziehen können.

Sie sollten den Bestatter auch nach den Aufbahrungszeiten fragen. Erkunden Sie, wann und wie Sie Gelegenheit haben, den geliebten Verstorbenen noch zu sehen und in Ruhe Abschied nehmen zu können. Scheuen Sie nicht davor zurück, etwaige Sonderwünsche zu äußern. Die Bestattungs-Zeremonie ist der letzte Abschied von einem geliebten Menschen, entsprechend sorgfältig sollten Sie Ihre Planungen betreiben. Im Idealfall hat die verstorbene Person ihre eigenen Vorstellungen niedergelegt und Sie können dem folgen. Ansonsten verwirklichen Sie weitestmöglich Ihre eigenen Vorstellungen, denn es ist Ihr Abschied von einem geliebten Menschen. Vieles kann möglich gemacht werden, wenn es deutlich genug geäußert wird. Ein guter Bestatter wird Ihnen unterstützend und beratend dabei helfen.

Im folgenden werden einige wenige Anschriften aufgeführt, bei denen Sie weitere Informationen zu speziellen Fragen und Problemen erhalten können:

Allgemeine Fragen zur Trauer:
Trauerberatungsstelle der Universität Essen
Universitätsstraße 12
Postfach 103764
45141 Essen

Tod eines Kindes und Selbsthilfegruppen verwaister Eltern:
Evangelische Akademie Nordelbien
(Selbsthilfegruppe „Verwaiste Eltern")
Esplanade 15
20354 Hamburg

Sterbebegleitung, Sterben zuhause, Hospize:
Deutsche Hospizhilfe e.V.
Reit 25
21244 Buchholz

Informationen über die Gründung von Selbsthilfegruppen:
Nationale Kontakt- und Informationsstelle zur Anregung
und Unterstützung von Selbsthilfegruppen (NAKOS)
Albrecht-Achilles-Str. 65
10709 Berlin

Formale Aspekte der Bestattung, Vorsorge usw.:
Bundesverband des Deutschen Bestattungsgewerbes e.V.
und Fachverlag des Deutschen Bestattungsgewerbes
Schirmerstr. 76
40211 Düsseldorf

Meinhard Stark (Hg.)

»Wenn Du willst Deine Ruhe haben, schweige«

Deutsche Frauenbiographien des Stalinismus
265 S., Festeinband, ISBN 3-88474-466-6

Die Frauen erzählen nach jahrzehntelangem
Schweigen ihre Lebensgeschichte: Sie haben in den
dreißiger Jahren sowjetische Männer geheiratet,
die Ehemänner geraten in die Mühlen des
stalinistischen Terrors, zwei werden wenige Tage
nach ihrer Verhaftung hingerichtet. Die Frauen
werden gleichfalls verhaftet; ihre Schuld: »Ehefrau«
zu sein. Sie verbringen zwei Jahrzehnte in Haft und
sibirischer Verbannung und kehren Ende der
fünfziger Jahre nach Deutschland zurück – in die
DDR, wo sie als »Verfolgte des Nationalsozialismus«
eingestuft werden und eine Rente erhalten. Die
Frauen mußten schweigen: in Haft und Verbannung
aber auch in der DDR. Dort wachte die
Staatssicherheit darüber, daß ihr Schicksal
nicht öffentlich bekannt wurde.

Ein Buch über die Geschichte des Sozialismus,
ein Buch über Frauenschicksale, ein Buch über
die Geschichte der ehemaligen DDR.

Klartext Verlagsgesellschaft mbH
45143 Essen – Dickmannstraße 2-4
Tel. 0201 / 86 206-31/32 – Fax 86 206-22